教室・家庭でいますぐ使える

ソーシャル スキル トレーニング

SST

楽しく学べる特別支援教育実践 101

安住ゆう子 ＊ 三島 節子

かもがわ出版

■本文イラスト　　　　須藤圭子
■装丁イラスト・デザイン　近藤理恵

はじめに

　特別支援教育の実施にともない、ここ数年、たくさんの特別支援教育や発達障害に関しての本が出版され、ソーシャルスキルに関しての本も多く目にするようになりました。そんな中、この本を手にとって下さったあなた、本当にありがとうございます。

　私たちは時期が多少ずれますが、約二十数年前、共に東京学芸大学上野研究室に来るLDとその周辺の子どもたちを対象とした土曜教室でソーシャルスキルの指導をおこなってきました。当時はこういった子どもに向けての日本でのソーシャルスキルの実践は数少なく、上野一彦先生を中心に学生たちは試行錯誤しながらプログラムを立てていきました。土曜教室時代はあまり接点のなかった私たちですが、縁あって10年前から「LD発達相談センターかながわ」を立ち上げ、ともに仕事をすることになりました。定期指導として学力や生活能力の向上、言語やソーシャルスキルの指導をおこなってきました。そして今回いままでのソーシャルスキルの実践を1冊の本としてまとめる機会に恵まれました。

　私たちの指導を知って下さった（社）発達協会の雑誌「発達教育」の担当の方からソーシャルスキルについて連載で書いてみないかとすすめていただき、2006年より連載をはじめ、3年目の2008年には是非1冊の本にしたいと思うようになったのです。ですから、この本の101のアイデアの多くは連載に載せたものを書きかえ、さらに約30種類ほど新たにつけ加えました。

　ソーシャルスキルトレーニングのアイデアを考えるのは、とても楽しい作業であるとともに、産みの苦しみでもあります。子どもの課題を見抜き、それをいかに楽しく、けれども本人が自分の課題をクリアすることができ、意識化できるように、そして生活の中で活かしていけるようなものをつくるかがポイントになります。市販のゲームや伝承あそびの中にもソーシャルスキルを意識できるものもたくさんありますし、アレンジ次第で難易度もあげられます。指導者の柔軟さも問われます。また、多くのアイデアを出すうちに発想の転換や逆思考など、私たちの思考力も鍛えられていきました。あそびながら学べる、学びの中で自己意識を育てる、これがかなった活動は子どもを大きく変えてくれます。

　先日、指導に来ている小学2年生の男の子のお母さんから「息子が『おかあさん、ぼくがこんなに楽しいってわかってたから、ここに来させてくれたの！』と言っていました」と言う、うれしい報告がありました。学校ではまだなかなか友だちと折り合いがつかず休み時間は迷路を書いていることが多く、公園へ行っても知らない子とトラブルを起こしてしまうことも多いお子さんですが、ソーシャルスキルトレーニングをはじめることで友だちとあそぶことは楽しい、そのためにはルールを守らなくてはと感じはじめて来てくれているようでした。

　また、先ほどの土曜教室に通っていた当時小学6年生、今は立派な青年（中年？）になったSくんとなんと21年ぶりに再会したときに、「先生たちも大変でしたよね。おれたちめちゃくちゃな子どもにいろいろ教えなくっちゃいけなくて…でも楽しかったし勉強になりましたよ」とあたたかいことばをかけてもらいました。

　教室、療育センター、そしてご家庭でこの本のアイデアを取り入れながらかかわる中で、子どもからこのようなことばが聞かれることを願っております。

2009年5月

安住ゆう子

教室・家庭でいますぐ使える SST（ソーシャル スキル トレーニング）
楽しく学べる特別支援教育実践101
✰ もくじ ✰

はじめに ………………………………………………………………………………… 3

第1部　SSTとは ……………………………………………… 7

1. ソーシャルスキルトレーニングとは何か、なぜおこなうのか ……………………… 8
2. 本書でのソーシャルスキルトレーニングの範囲 ……………………………… 8
   - （1）自己認知スキル ……………………… 9
     - ・ボディイメージや五感を高める
     - ・自分や家族を紹介する、自分を知る
   - （2）コミュニケーションスキル …………… 10
     - ・コミュニケーション態度を育てる
     - ・会話を続ける・やりとりの流暢さ
     - ・ノンバーバルコミュニケーション
     - ・相手の状況や気持ちの理解
   - （3）社会的行動 …………………………… 13
     - ・集団参加
     - ・ルール理解・集団参加における気持ちのコントロール
     - ・提案・助言・協力・共感・主張
3. ソーシャルスキルトレーニングの進め方　15
   - （1）アセスメント ………………………… 16
   - （2）ターゲット行動の決定 ……………… 16
   - （3）指導の実際 …………………………… 16
   - （4）毎回の指導の主な流れ ……………… 16
   - （5）再アセスメント ……………………… 17
4. ソーシャルスキルトレーニングのアプローチ方法 ……………………………………… 17
   - （1）環境づくり＝指導者側のソーシャルスキル　17
   - （2）目標設定 ……………………………… 17
   - （3）ゲーム ………………………………… 18
   - （4）ディスカッション・ディベート …… 18
   - （5）ロールプレイ ………………………… 19
   - （6）共同活動 ……………………………… 19
   - （7）ワークシート、絵カード、ソーシャルストーリー ……………………………… 19
5. ソーシャルスキルトレーニングはどこでだれがおこなうか ………………………… 20
6. ソーシャルスキルトレーニングの土台となること ……………………………………… 20

■ソーシャルスキルチェックリスト ………… 21
■スタディスキルチェックリスト …………… 22

第2部　SSTの実践 ……………………………………………… 23

1．自己認知スキル ……………………… 24
■1-1　五感・ボディイメージを高める …… 24
　　1．ブラックボックス　24
　　2．スローモーションゲーム／そーっとゲーム　25
　　3．前後左右ジャンプ　26
　　4．タッチングゲーム　27
　　5．何歩でいける？　28
　　6．ノータッチゲーム　29
　　7．どっちが重い？（重さ比べ）　30
　　8．力の強さを見てみよう　31
　　9．お風呂ごっこ　32
　10．忍者の修行　33
　11．アクションすごろく　37
　12．まねっこゲーム　38
　13．チェンジゲーム　39
　14．変身ゲーム　40
　15．音あてゲーム　41

■1-2　自分や家族を紹介する・自分を知る … 42
　16．名刺交換ゲーム　42
　17．ストローじゃんけん　43
　18．サイン集め　44
　19．名前すごろく　45
　20．写真神経衰弱・写真ババ抜き　46
　21．この人は誰でしょう　47
　22．家系図づくり　48
　23．どっちが好き？　49
　24．ずばりねらいましょう　50
　25．フィードバック用紙　51
　26．自己理解シート　52

■自己認知スキル目的別索引リスト ………… 53

2．コミュニケーションスキル ………… 54
■2-1　コミュニケーション態度を育てる　54
　27．聞き取り伝承ゲーム　54
　28．かっこいい聞き方　55
　29．フリーズ！　56
　30．ゴロゴロ・ピカピカ・ドカン！　57
　31．はいポーズ！　58
　32．はやくち、ゆっくり聞き取りゲーム　59
　33．音・文字数えゲーム　60
　34．ステレオゲーム　61
　35．○×ゲーム　62
　36．聞き取りクイズ　63
　37．約束カード　64

■2-2　会話を続ける・やりとりの流暢さ　65
　38．伝達ゲーム　65
　39．会話のピラミッド　66
　40．えんぴつ対談ゲーム　67
　41．ラッキーコインゲーム　68
　42．教える福笑い　69
　43．スケルトンボックス　70
　44．ことばでコピー　71
　45．○○のことだけど　72
　46．やりとりシナリオ　73
　47．イエス、ノークイズ　74
　48．ものたりない君の作文　75

■2-3　ノンバーバルコミュニケーション　76
　49．外見の大切さ　76
　50．視線の向け方　77
　51．音楽にあわせて○○になろう　78
　52．パズルでジェスチャー　79
　53．おにぎりの具はなに？　80
　54．気持ちカード　81
　55．なぜ笑っているの？　82
　56．プレゼントの中身は？　83

■2-4　相手の状況や気持ちの理解　84
　57．何に見える？　84
　58．どんなふうに見える？　85
　59．クイズの答えを推理しよう　86
　60．同じかな？　87

61. 3問インタビュー　88
62. 過半数一致ゲーム　89
63. ずばりあてましょう！　90
64. またね↑とまたね↓　91

■コミュニケーションスキル目的別索引リスト … 92

3. 社会的行動スキル …………………… 93
　■3-1　集団参加 …………………………… 93
　　65. お家でできる準備①
　　　　話を聞く姿勢づくり　93
　　66. お家でできる準備②
　　　　流れにそった行動ができる　94
　　67. お家でできる準備③ お手伝い　95
　　68. 係の仕事　96
　　69. 休み時間のすごし方　97
　　70. そうじ当番・そうじの仕方　98

　■3-2　ルール理解・集団における気持ちの
　　　　コントロール ………………… 99
　　71. ルール理解のコツ①
　　　　見てわかるように　99
　　72. ルール理解のコツ②
　　　　スモールステップ　100
　　73. 転がし中あて　101
　　74. ドンジャンケン　102
　　75. ゲームをつくってあそぼう①
　　　　カード合わせ　103
　　76. ゲームをつくってあそぼう②
　　　　パズル交換ゲーム　104
　　77. 負けの受容①
　　　　記録との戦いゲーム　105
　　78. 負けの受容②
　　　　くり返しゲーム　106
　　79. 負けの受容③
　　　　宣誓　107

　■3-3　提案・助言・協力・共感・主張 … 108
　　80. こんなときどうする？　108
　　81. 話し合いのポイント　109
　　82. 交換練習　110
　　83. 道づくり　111
　　84. つくってあそぼう①
　　　　キャタピラー　112
　　85. つくってあそぼう②
　　　　ゲートボール　113
　　86. つくってあそぼう③
　　　　アレンジジェンガ　114
　　87. おみこしわっしょい　115
　　88. 新聞島　116
　　89. 紙送りゲーム　117
　　90. ペアで完成　118
　　91. ジャストタイミング　119
　　92. 作戦！引っ越し屋さんが運んだ　120
　　93. ストローことば探し　121
　　94. 宝を探せ　122
　　95. ムシムシマンション　123
　　96. ぬり絵完成ゲーム　124
　　97. ほめほめリレー　125
　　98. チームワーク得点（ドンマイ点）　126
　　99. 同じところ探し　127
　　100. 気持ち調べ　128
　　101. SSTすごろく　129

■社会的行動目的別索引リスト ………… 130

おわりに ……………………………………… 132

第1部

SSTとは

ソーシャルスキルトレーニングとは

1. ソーシャルスキルトレーニングとは何か、なぜおこなうのか

　人は生まれてから多くの人たちとかかわりながら、さまざまな知識を身につけ、成長していきます。またこの相互関係の中で情緒が育ち、親愛感情も育まれますし、自分自身がかけがえのないものとして感じられる自己有能感も育っていきます。飛躍的に科学技術が進歩している日々であっても人と人とのかかわり方に関しては、実際に相手との十分な会話、共同活動、共有体験なしには育むことはできません。しかしながらおそらくこの本を手にされているみなさんでこのような「人とのかかわり」を意識的に幼稚園や保育園、学校で「勉強した」経験を持たれた方はおられないでしょう。親や年長者からしつけとして、先生から集団のルールとして伝えられたこと、経験の中で成功したことを自分の実績として、現在までの「社会性」を身につけてこられてきたのです。このような一見無意識的な行動は「その人が属している集団（幼稚園・保育園・学校）の中で求められている適切な言動がとれる技能」であり「ソーシャルスキル」ということばに置き換えることができるのです。そして人間関係にあまり興味を持たないための経験不足から、または経験していてもその経験を偏った形で取り込んでしまったり、似たような体験を同様のものとして応用できなかったり、体験に伴う感情を上手に表現できないために、対人関係や集団行動がスムーズにおこなえない人たちがいます。そういった人たちに適切な言動がとれるようにおこなう指導がソーシャルスキルトレーニングです。

2. 本書でのソーシャルスキルトレーニングの範囲

　私たちは20年以上発達に軽度の遅れや偏りのある幼児、小・中・高生たちと療育という立場でかかわってきました。こういう子どもたちの中には「友だちとうまくかかわれない」「集団行動がとれない」「空気が読めない」といった社会性の問題をかかえている子どもがたくさんいて、広汎性発達障害、アスペルガー症候群、高機能自閉症、LDやADHDといった診断がついている子どももいましたし、はっきりとした診断はないけれど同様な課題をもっている方もいました。このような子どもが少しでも人とのかかわり方のきっかけを知り、人と共にいることは悪くない、自分ばかりが責められなくていいんだ、集団生活は苦痛や違和感の連続ではないと思えるように、共有経験が楽しいと感じられるように続けていったのが本書で実践したさまざまなソーシャルスキルトレーニングです。そのスキル内容や範囲は対象者の年齢や状態によっていくつかありますが、本書では主に幼児（5歳児）から中学生の発達に軽度の遅れや偏りのある子どもたちを対象として作成したソーシャルスキルチェックリスト（2009年度改訂版を一部改編）のスキル項目に対応した領域の範囲に関してのアイデアを記しています。このチェックリストは先行研究をもとに私たちが今まで

出会い、ソーシャルスキルの指導をおこなった子どもたちの社会性の特性をもとに作成しました。チェックリストの改編内容を［表1］（21頁）に示します。またその内容は以下の通りです。

（1）自己認知スキル

自分自身や周りにいる人に対しての認識に関するスキルを示します。

○五感やボディイメージを高める(24頁~)

人と適切にかかわるためには、自分自身についてよくわかっていることがとても大切です。通路を通るときに机にぶつかる、友だちのごく近くを通りすぎてぶつかる、並んでいるすき間に無理やり押し入ろうとするなどの子どもがいます。こういったトラブルは、注意の向け方や状況理解の力が弱いことから来ていることもありますが、自分の体の大きさがどの位で、どのような位置関係にあるのか、またどのように体を動かせば、物や人と相対することができるのかがわからないことから起こることがあります。こういった体の部位や動く範囲をイメージする力をボディイメージと言います。

ボディイメージの弱い子どもは、わざとじゃないのに物を壊してしまったり、自分や友だちにケガを負わせることになってしまったりと、だんだんと集団の中でうっかり者や乱暴者のレッテルをはられることになってしまいます。そのため特に幼児期に体を動かしながら自分のボディイメージを確立することは重要です。

また私たちは、さまざまな感覚を使って日常生活を送っています。なかでも「五感」と言われる「視覚」「聴覚」「触覚」「嗅覚」「味覚」は生命維持のために、必要不可欠な基本的感覚です。

蒸し暑い日に通勤電車に乗ったとたん、隣の人のかばんの角が、わき腹に食い込んできて（触覚）、やや不快な気持ちになり、駅員の発車の合図の大きなホイッスルの音（聴覚）に驚き、電車はスタート。蒸し蒸しした電車の中は、湿気と汗が混じったようなどんよりとした空気のにおい（嗅覚）で不快さも増長。しかし、広告のさわやかな高原の写真を見て（視覚）、しばしの清涼感を得、かばんからミント味のガムを取りだし、すっきりさわやかな味（味覚）で気持ちを取り戻し、職場に向かう。このように、私たちは感覚から得た情報をもとに思考し、特定の感情を持ちます。発達障害のある方は、感覚の取り込み方に特徴的な方も多く、「感覚過敏がある」とか「感覚異常を持つ」などと言われます。自分の感覚を意識できるかどうかは、人とかかわる上でもとても大切です。相手が嫌がることをしないためには、まず、自分で、どの程度の感覚が不快なのかを認識することが必要です。さらに、自分の感じ方と、人との感じ方の度合いに違いがある、とわかることも必要です。

○自分や家族を紹介する、自分を知る(42頁~)

自分のことをわかりやすく相手に伝えるのが苦手なことの背景には、恥ずかしい、なんて言っていいかわからないという理由を持つ子どもがいます。そんな子どもには自信を持ってできるようになるための援助方法を考えましょう。人に自分のことを知らせたくない、相手に関心がないといった子どもには名前を覚える

ことの必要性をわかってもらうことが大切ですし、興味が持てるようにゲームスタイルで楽しみながら覚える場面をつくりましょう。

　また「家族」は最も近くて、小さな人間関係を築く場です。幼児期後期から学童前期にかけての子どもたちは、さまざまなごっこあそびを通して、楽しみながらイマジネーションを育て、相互関係を経験していきます。「家族ごっこ」も女の子に喜ばれる一つのあそびでしょう。お母さん役をやりたがる子は、みんなをリードすることを好みますが、あまりに一方的だと他の子から注意を受け、そんな中でほどほどのリーダーシップの取り方を学んでいきます。かかわりあそびをあまり好まない子、相手に合わせてあそびを変化させたり、その場に応じて想像することがむずかしい子にとっては、「ごっこあそび」は苦手なあそびの一つになってしまいます。そんな子に対しては、たとえばお料理係のお母さんなど、一部分だけにチャレンジしたり、はじめに振る舞いを確認してからはじめる、といった方法もあります。他者に関心を持つ第一歩として家族や親戚について知る機会をつくりましょう。家庭での日々の心がけが大きく影響してきます。ゆとりを持ってじっくりかかわりたいものです。

　さらに発達に軽度の遅れや偏りがある人にとって、「自分が何なのか」をとらえていくことは非常に大切なことです。「診断を告知すべきか」「いつ、どのようにすべきか」ということは中途半端に取り上げられる話題ではありませんし、100人いれば100通りの伝え方があるはずです。私たちの指導場面は医療機関ではないこともあり、診断名を伝えることはほとんどありません。けれど「自分がどんなことが得意で、どんなことが苦手なのか」。また、だから日々どんなことに気をつけたり、工夫したらいいかということについては心理検査の結果やチェックリストなどを使って多くの子どもと一緒に考えていきます。そのためには自分の言動を客観的に振り返ることができることが必要です。自分に対しての客観的な視点なしには適切な自己認知はむずかしいものです。毎回の指導の中で、自分の今日の目標を活動中に意識し、活動後は具体的な言動を思い出し、振り返り、次につなげていくことの積み重ねが自己認知につながります。このときマイナス的な面ばかりに目がいかないように、その子どもの実現可能な目標を立て、成長を認めつつ、スモールステップで積み上げていくことが本人の自信となり、自分の課題を冷静に見つめられるエネルギー源となります。

(2) コミュニケーションスキル
○コミュニケーション態度を育てる(54頁〜)

　人が話をはじめたとき、どうして私たちは話し手のほうに気持ちと耳を向けることができるのでしょうか？　その話が、自分にとって興味のあることであれば、自然と気持ちが向き、聞きもらすまいとして一生懸命に耳を傾け、理解しようとするはずです。

　好きなテレビのキャラクターの話や恐竜の話なら長い時間聞き続けられるのも、その話に興味があり、何の負担もなく集中できるからなのです。話の内容にあまり関心がなかったり、よくわからなかっ

たりしたときでも、社会性がある程度育っていれば、しばらくの間なら、わからないながらも聞き続けることができるようになっていきます。興味がなくても、これは自分に必要な情報だとわかり、耐性（耐える力）がついたり、いまは静かに聞いていることが正しい態度なのだ、わからないことは後で聞こうという制御の力が身についた子どもは、静かに、聞くことができるようになっていきます。

　発達に偏りを持つ子どもの場合、耐性や制御の力が同年齢の子どもと同じようには育ちにくいことが多くあります。また、理解の面で緩やかな成長をしている場合、同年齢の子どもが少し我慢して聞いていればよい話題でも、とてもむずかしい内容になったりします。

　「一対一だと話が聞けるのに、クラスの中で話を聞くことができず行動が遅れてしまう」「教室での先生の指示が聞き取れない」といったつまずきを持つ子どもがいます。一対一での会話なら、子どもも自分に話しかけられている、ということがはっきりわかりますし、話し手も子どもの様子を見て話す内容やスピードを変え、わかるように伝えることができます。しかし、集団の中ではそうはいきません。

　ゲームなど動機づけの高い場面で、集団の中で聞くこと、質問は区切りのいいところですること、聞く内容のポイントを知ることなどの練習が必要になります。

○会話を続ける・やりとりの流暢さ (65頁〜)
　誰しも、自分の考えていることや思っていることを相手に正確に伝えたい、わかってもらいたいと思っていることでしょう。しかしながら、発達に偏りを持つ子どもたちの中には「頭に浮かんでいることをことばに置き換えること」「文としてまとめること」の苦手さから相手にうまく伝わらず、そのことで自信をなくしてしまい、ますます話さなくなってしまう、という悪循環を起こすことが多くあります。集団の活動ではみんなの前で発表するという緊張場面もあります。さらに「会話を続けること」もコミュニケーションの基本的かつ重要な要素です。会話が続いていくことは自分の考えたこと、思ったことを相手にわかってもらうように伝えるとともに、相手の話を聞き、同調したり、ときには相反する意見に対しては反論もしなければなりません。同じ内容であってもそのときの状況や相手の気分によって、話の展開もさまざまに変わります。大人になってからの近所づきあいや、職場の仲間や友人との会話でも「そんなつもりで言ったわけではないのに…」と取り違いされたり、ことばが足りず誤解されたりということはあります。上手に会話をすること、やりとりをすることは本当にむずかしいことです。よいコミュニケーションのたとえとして「ことばのキャッチボール」ということばがよく使われます。しかし「キャッチボール」ならぬ「ことばのドッヂボール」（一方的にことばを発しまくるタイプ）、「ことばのゲートボール」（話を聞いているのかどうかの意思表示がなく、こちらの話がすーっと素通りしていくような印象を持つタイプ）になってしまう子どもたちもいます。会話のフォーマットをつくる、「聞いているよ」と、伝えていくことでゲームが成立する、会話を続けていくことを競争するなどの成功経験がコミュニケ

ーションすることの自信となっていきます。

○ノンバーバルコミュニケーション(76頁〜)

　私たちが、相手と円滑なコミュニケーションをはかる上では、ことばによるコミュニケーション（バーバルコミュニケーション）情報より、非言語的コミュニケーション、つまり表情や語調、ジェスチャー、視線などのノンバーバルコミュニケーション情報のほうが大きく影響を与えていることは、古くから報告されていることです。しかし、そう言われてもなかなかピンとこないかもしれません。私たちは、学校教育の中で、相手にうまく伝わるような話し方について、国語の時間で学んだことはあっても、どんな表情で相手と話したほうがいいのか、どんなジェスチャーがいい対人関係をつくれるのか、などといったことを、あらためて学んだことのある人は、おそらくかなり少ないのではないでしょうか。

　また、日本人はノンバーバルコミュニケーションの表出が少ない人種だ、といわれています。これは私たち自身も納得するところでしょう。それでも、私たちはその微妙な表情や視線を、意識的な学習なしに、お互いに読み取り、なおかつ、相手の意図を判断する上での重要な手がかりとしているわけです。相手の様子が見えない電話で、感情的に込み入ったことを話したり、聞いたりするのはむずかしいものです。また逆に、ことばのわからない国の人の話を聞いていても、その人の表情やことばのトーンから、その人が好意的に話しているのかそうでないのかの判断はできます。

　発達に偏りのある子どもたちの中には、この視覚的情報の読み取りや判断が苦手なタイプの子どもがいます。そのことで、ときには誤解やトラブルが生じて、仲間と上手につき合えなくなってしまったりします。そのような傾向がある子どもには、意図的に理解を促す試みが必要になります。

　また自分の表情、身振りや視線、そして外見の様子が、相手にどのような印象を与えているか、または相手の表出を適切に受け取れているかは、人づき合いの上で、思いのほか重要な意味合いを持っています。自分の身なりにまったく無頓着で、相手からどう思われるかなんて気にしない、というタイプの子どももいます。特別なおしゃれをする必要はありませんが、衛生面や季節感、色彩などが、あまりに度を超えていると、本人の印象に影響してしまいます。年齢の小さいうちは、お母さんの言うがままに着ていても、遅くとも小学校高学年になったら一緒に洋服を選ぶ、自分で気温に合わせて洋服を選んでみる、組み合わせも考えるなどをさせていきたいものです。襟が整っているか、シャツが出ていないか、裾がまくれあがっていないかについても、服装チェック表などをつくって、自分で等身大の鏡で確認する習慣をつけましょう。

　高機能自閉症の診断をうけた中学生のA君は、女の子と話すときに目ばかり見つめていてはいけない、と少し下を見て話すようにしたそうです。しかし、その「少し下」とは女の子の胸のあたりで、「A君っていやらしい」とかえって問題になってしまった、という笑い話のような、

しかし本人にとってはとてもつらいエピソードがあります。また以前、テレビで高機能自閉症の成人の方が「みなさんはオートマ車で、私たちはマニュアル車」と話していたのを聞きました。発達に大きなアンバランスを持たない人にとっては、たいして苦にならないこと、視線の向け方や身振りで相手の気持ちを察することも、情報のどこに優先順位をつければいいのかなど、細かな変化の違いなどにとらえにくさを持つ人にとっては、一つひとつを意識しながら、考えてやっていかないとむずかしいことになります。よって、あまり事細かに「ああしなさい、これはダメ」と言い過ぎたら、エンジンはオーバーヒートしてしまうでしょう。ポイントを絞って段階を経て取り組んでいきたいものです。

○相手の状況や気持ちの理解 (84頁～)

　出会いがしらにいきなり自分の興味のある話をはじめる子どもがいますね。最初はおつき合いで聞いていても、なかなか終わりません。少し迷惑だな、一方的かと思うとそうでもなく、「先生は○○電車は好き？　どの電車が好き？」と自分の興味に関しての質問もしてくれます。けれど、僕は電車が好きだけれど、先生はあまり好きじゃないらしい、僕の得意なことは友だちにとっては苦手なことかもしれない、お母さんの好きなものは△△だと思っていたけど、どうやらそうではないらしい、など、自分の興味や考えが他者と違うことがあるということに気づきにくい子どもたちがいます。また、自分がいいと思っていることも人によっては嫌なことであったり、真実だけれどあえて言ってはしくないこともあります。明らかに嘘を言い合ってそのやりとりを楽しむもこともありますし、ことばでは語っていない中に本当の気持ちが込められていたり…と私たちの会話は実に複雑で微妙なものです。

　このようなやりとりを私たちは日々の生活の中で相手とのかかわりを通じておこない、視点の変換、他者の視点の獲得、自分と他者の考えの違いに経験の中で自然に気づいていきます。また相手の視点を読み間違えたときも、少しヒントを与えられると「そうだ！」と考えを修正する力も持っています。しかし、課題として設定して身につけられるように支援をしていかなくてはならない子どももいます。そのような子どもには、一つひとつの体験がその子の知識となっていくように、楽しく学べるようにいろいろ工夫して提示してあげたいものです。

(3) 社会的行動
○集団参加 (93頁～)

　ひと言で「集団の中で安心して生活できる」と言いますが、そのために大人はどんな準備が必要でしょうか。最低限必要なことは3つ、(1) 何を、(2) どのように、(3) いつまで（どのくらい）おこなえばいいのか、明らかにすることではないでしょうか。これはいわゆる集団生活のルールでしょうし、何かを学ぶ上での基本原則だと思います。授業中は発言したいことがあったら、(1) 意見を（何を）、(2) ささされたら、その場に立って（どのように）、(3) 先生が「はいそうですね」と言うまで（いつまで）発表します。

ドッジボールは（1）ボールを（何を）（2）コートラインの中から相手の顔以外の場所をねらってあて（どのように）、（3）相手のチームがコート内に誰もいなくなったら（いつまで）終わり、のあそびです。このことがあいまいだったり、暗黙の了解であったりすると、状況理解の弱さを持つ子どもは非常に混乱します。

　これは、家庭内でも同様です。時間割の準備や宿題はやらなくてもいいのか（やってもらえるのか）、やらなくてはいけないのか（もちろん最初は手伝ってもらったり確認してもらうことは必要ですが）、いつやるのか、どんなやり方が（やってみせる、文字や絵で示す、端的なことばかけをするなど）やりやすいのかを示しましょう。

　そして最後にやったことに対してのプラスのメッセージ、つまり褒めてあげましょう。「大丈夫、それでいいよ」「よくできたね」「よく考えたね」「がんばったね」不安な時期にこそ、安心して前に進めることばを多くかけてあげたいものです。また、継続的なかかわりの中で、子どもの状況に合わせて徐々に支援の量を減らし、自ら考え判断できるようになるとよいでしょう。

○ルール理解・集団参加における気持ちのコントロール（99頁〜）

　子どもたちは園や学校生活の中で、さまざまなルールを理解し、ルールに従わなくてはなりません。ルールには、明確なものと、状況によって意味の変わる不明確なものの2種類があるでしょう。前者の明確なものとは、スポーツやあそびを円滑におこなうための決まりごとやクラスの約束ごとのように、書いて伝えることができたり、説明ができるものです。そして、後者の不明確なものとは、ルールが状況によって変化したりするもので、「流動的なルール」「暗黙のルール」とも言えるものです。その場での話し合いや相手の表情や声の調子、状況などによって判断しなくてはなりません。これはとてもむずかしく、発達に偏りがあると成長してもなかなか理解できないものといえます。

　前者のルールの基本として以下のことがあげられます。まず順番を守れるようになるためには、待ったら自分の番が来るという見通しが持てるようになること、やりたい気持ちをコントロールできるようになること、その活動の流れが理解できていること、集団の中で順番を意識し続けられることなどが必要です。これらが苦手な子にとって、大人数の活動に参加することは、意識しなくてはならないハードルがたくさんあることでしょう。そんな子に対して、ハードルがより少なく、低くなるように、なげかけ方を工夫していきましょう。そして参加できたことで、みんなといることも結構楽しいな、と感じていってもらいたいものです。経験不足や失敗体験から「一人が好き」という子どもの中には、場面や規模を工夫することによって、対人関係を楽しめるようになる子もたくさんいます。

○提案・助言・協力・共感・主張（108頁〜）

　ソーシャルスキルというと、相手に合わせること、自分の気持ちや行動を上手にコントロールすることに重きが置かれがちですが、それだけではソーシャルス

キルの半分しか見ていないことになります。人との中でお互いに心地よく過ごすためには、自分自身もOKでないといけません。我慢ばかりしていてはストレスがたまるばかり、いつかどこかで爆発してしまいます。また、提案や主張するということは広く考えると「自己決定」の第一歩です。選ぶことからはじめて自分の考えを意思表示することは、どんな子どもにとっても大切です。

　タイプによっては、主張することや決定することは非常に勇気のいることであるため、自分で決めるより人に従ってしまおう、反対するぐらいなら我慢してしまおう、断られるのが嫌だから、誘うのはやめよう、と自分の気持ちを押し殺してしまう子どももいます。これがたまりたまって、ずいぶん後になって大パニックを起こしてしまう場合もあります。また、このような機会を避けてばかりいると自分では何も決められず、依存性の強いまま成長してしまうこともあります。

　また一方的に自分の意見を押し通そうとして、話し合いが成立しにくいタイプの子どももいます。こういった子どもたちには、大きくわけて2タイプあるようです。一つのタイプは話し合いに興味が持てず、そもそも、人と折り合いをつけながら何かをやることに、あまり意味を感じにくい子どもです。自分の好きなことはやるけれど、そうでなければやらない。そしてせっかくあそびはじめたのに、自分が決めていたルールと違うやり方であそびが展開されると、激しく相手を批判してしまいます。また、その言動を指摘されると「みんながぼくをいじめる」といったとらえ方をしてしまったり、「だって○○くんが…って言うから」と自分は悪くないとひたすら主張し、認めないことにひたすらエネルギーをかける、という状況になってしまいます。もう1つのタイプは、話し合いとは、相手の意見を聞いたり、意見を受け止めながら進めていかなくてはいけないことがわかっているものの、ついつい自分の思いが先行して突っ走ってしまうタイプです。このタイプの子どもはトラブルが起きた後、「あっ、しまった」と気づく子も多く、中には自分のしたことに落ち込んでしまう子もいます。

　これらの子どもたちには、話し合いとは、(1)みんなの意見を出し合って決めていくものだ、ということ (2) 自分の意見が取り入れられないこともあること (3) だからといって怒ったり、相手の悪口はいわないこと (4) 話し合いで決まらなかったら、最終的には○○（ジャンケン、多数決、先生に相談など）で決めていくこと、などを「話し合いのマナー表」として書いておき、必ず事前に確認してからはじめましょう。

　決定方法は、子どもの発達段階や話し合いの内容で、随時変えるようにしたほうがよいでしょう。また、なかなか受け入れがむずかしい段階の子どもには、みんなの意見が必ず取り入れられることを話し合いの内容に組み込んだり、ここは○○くんが決める、といった役割分担をつくっておくのも方法の1つです。

3. ソーシャルスキルトレーニングの進め方

　ソーシャルスキルトレーニングの基本的な進め方は以下の通りです。家庭でお

こなう場合は、よりおこないやすいようにアレンジしてかまわないでしょう。

（1）アセスメント

チェックリストや行動観察などで子どもがどんな領域につまずきを持っているかをとらえます。その際いつ、どこで、たとえば「学校の休み時間で」とか「総合学習の班活動のとき」か「家での家族とトランプをしているときに」なども記録しておくとよいでしょう。

（2）ターゲット行動の決定
……何を指導していくか

複数の課題があがった場合、平行して取り組むのか、優先順位をたてて絞り込むのかを決めます。またより具体的な場面を段階的に考えて指導プログラムをたてます。

〈ゲームで一番になれないと大騒ぎをしてしまう1年生の例〉
■長期目標：ゲームで1番になれなくても泣き叫ばない
■短期目標ステップ1：大人と勝敗のあるゲームを勝って終わる、または協力ゲームを最後までおこなう
■短期目標ステップ2：大人と勝敗のあるゲームを事前の約束や特別ルールを使って負けても最後までおこなう
■短期目標ステップ3：子ども3人程度のグループで勝敗のあるゲームを事前の約束や特別ルールを使って最後までおこなう

（3）指導の実際

指導の段階として3つの段階が考えられます。

第1期 グループ指導の参加を楽しむ時期

受け入れられる、所属したい場と感じられる場づくりをします。参加しやすいように、整理され構造化された場にします。興味関心も積極的に取り入れます。

第2期 集団性を高める時期

協力、共同活動を多く取り入れます。自分の言動の振り返りを他者（大人）評価から自己評価に変えていきます。

第3期 課題にせまる時期

かっとう場面を設定し、ストレスを消化する方法を学びます。また般化を意識し、子どもだけで活動が展開できるような場面をつくります。

（4）毎回の指導の主な流れ

①インストラクション（教示）

何のために何をおこなうか指導の目的を伝えます。たとえば「これからすごろくをするよ。ゲームで負けて泣くのはかっこう悪いね、負けそうになったらどうしたらいいかな、深呼吸をして落ち着こうか、途中で先生が役割を替わることにしようか…（考えられる方法をいくつかあげ、どれがよいか子ども本人に選んでもらうとよいでしょう）。ゲームに負けても泣かないようにやってみよう」というように伝えます。約束やルールとして伝える場合もあります。

②モデリング（見本）

実際に大人や他の子どもが適切な言動をやってみます。すごろくの途中で「ああ負けちゃう、深呼吸して落ち着こう」と子どもの選んだ言動をやって見せます。ゲームのやり方をやってみせることもこれに当てはまります。

③行動リハーサル

実際に子どもがおこないます。

④フィードバック

事前に決めた方法ができたか、ルールや約束が守れたか振り返ります。できなかった場合、次回はどんな方法がいいだろうか再度考えます。

⑤般化

特定の場面でできるようになったら日常場面でもおこなう機会をつくります。すごろくで負けを受け入れられるようになったら、その他のゲームや大きな集団でのゲームなどにチャレンジします。

(5) 再アセスメント

長期的には1年、短期的には3～4か月程度の期間で行動の変化について評価し、指導の見直し、目標の見直しをおこないます。

4．ソーシャルスキルトレーニングのアプローチ方法

私たちが指導を実際におこなう場合、ターゲット行動によって以下の方法を選び、おこなっています。

(1) 環境づくり＝指導者側のソーシャルスキル

すべての指導において基本としたい観点です。

> 指示が聞きやすく・ルールがわかりやすい活動づくり
> ・ことばかけの工夫　簡潔に！
> ・視覚、聴覚、五感を使って、具体的に
> ・見通しがもてる働きかけ
> ・話しやすい、感情表現しやすい雰囲気づくり

> ・楽しめる、動機づけが高い活動
> ・お互いにいいところを見つけほめやすい活動
> ・間違えたり失敗しても、修復可能な活動
> ・テーマ、選択肢、ヘルプシートやヒントカード、例を用意する

また通常の学級の中で取り組む場合、以下のことも配慮したいものです。

> ・苦手な子への事前の配慮や支援
> ・集団参加に消極的な子には集団行動の意味の説明
> ・自由場面が苦手な子には役割を明らかにした参加方法の提案
> ・ときには一人でいることの尊重
> ・行動評価（がんばりシールなど）で意識化
> ・話を聞いてくれる人
> ・安心場所の確保

(2) 目標設定

ハードルの高すぎない達成可能な目標をつくることで自分の言動を意識、コントロールでき、自分に自信を持てるようになっていく子どもがたくさんいます。その際、「しっかりやろう」「ちゃんと授業に参加する」といった曖昧で漠然としたものにならないように、「さされてから発言しよう」「自分からあいさつをしよう」などできるだけ具体的なものになるよう心がけましょう。「がんばりシート」「チャレンジカード」などで行動評価を継続的に記録することで意識も高まり、意欲も湧いてきます。ポイントやシールが貯まるだけでもわくわくする子どももいますが、一定期間達成できたら強化子（ごほうび）がもらえることで、よりいっそ

う動機づけが高まります。

　目標の評価の回数や強化子の種類、ゴールまでの期間は子どもによってさまざまです。認知行動療法の書籍などを参考に、その子にあった無理のない設定が望ましいでしょう。小学生、週1回の90分指導の場合は3か月間くらい（10回前後）でゴール、ごほうびは小さなおもちゃや手作りリクエスト缶バッチ、またはみんなでのお楽しみパーティでかなり自分の目標を達成しようと試みますし、高学年や中学生も特に値の張るものでなくても記録することに充実感を覚え、ささやかな自分へのごほうびがうれしいものです。

　学校でおこなう場合は、校内で許される特権（パソコン室や、図書室の利用、興味のあることの係など）が得られたり家庭と連携して、たとえば「おすきなメニューフルコース」など、考えられるとよいでしょう。クラス全体で各自ちがう目標に向かってとりくむのもよいものです。日常的にものを与えすぎていると高額なものでないと魅力に感じなかったりしてしまいがちです。こんな場合、家庭での子どもに対しての基本的なかかわりかたから見直す必要があります。

(3) ゲーム

　ゲームはルールを守る、負けを受け入れる、相談・協力などソーシャルスキルの要素を多く含んでおり、アレンジ次第で幅広い年齢に適応することができ、多くの子どもたちにとって楽しい活動ですのでアプローチ方法としては最適です。負けを受け入れられない子どもにひたすら負けさせて、慣れさせるというのは初期の子どもに対しては荒療治過ぎます。まずはみんなとゲームをするのは楽しいと思えるように、協力ゲームのような勝敗のないもの、時間・記録との戦いからはじめるとよいでしょう。勝負のあるゲームでは、まず大人対子どものチーム戦にして大人が上手に負けながら徐々に大人も勝つようにします。その後に、チームワーク得点などの態度面も得点対象にした子ども同士のグループ戦にしていくなど段階を踏んでいきましょう。また負けを受け入れる練習としては勝ち負けが短時間で頻繁に起こるゲームをおこないましょう。

　ルールの理解が苦手な子どもにルールや分量、時間を段階的に増やしていきます。たとえば、「7並べ」をするなら、はじめは、マーク2種類、「3並べ」にして6枚ずつ合計12枚ではじめ、徐々に4種類のマーク、数字も10までなどにしていき、最後は一般的なルールでおこなうなどが考えられます。仲間意識を育むことを目的にして、話し合いながら自分たちのオリジナルのゲームをつくったり、ルールをつくるのもグループ内の関係がある程度できてきたら、とても楽しい活動になります。

　また、同じゲームでも参加する子どもによってさまざまな目標や課題が設定できます。漠然とゲームをすればソーシャルスキルのトレーニングになるという安易な考え方ではなく、指導する側は自分は何を目的にこのゲームをおこなうかを常に意識して進めましょう。

(4) ディスカッション・ディベート

　ディスカッションやディベートといった話し合い活動は相手の意見を聞きなが

ら、自分の意見も上手に述べる必要がありますので、ことばのキャッチボールにはとてもいい課題です。話し合い活動をするときは、テーマ選びと話し合いの人数、話し合いの時間などの検討が大切です。大人数であまり興味がなかったり自分には直接関係のない内容ですと、参加度は非常に低くなります。初めは2人、次は3人そして4～6人と必ず自分も発言しなければいけない状況にします。また内容もおやつのメニュー決め、グループの名前決めなど興味の持てるものにしましょう。話し合いの枠組みも書くなどして明確にしてあげると援助なしに話し合いができるようになります。

(5) ロールプレイ

「こんなときにどう振る舞ったらよいか」を実際に演技したり、ペープサートや指人形などで演じてみると、より直接的な経験となり実際場面に活かしやすくなります。一般的な社会的マナーなどを扱うのもいいですが、その子どもの今現在課題となっている言動を子どもによっては多少アレンジしながら（自分のこととはまったく気づかない子どもも中にはいますが、敏感に感じて不快感をあらわにする子どももいますのでタイプによってアレンジの度合いは変えるとよいでしょう）おこなうのがより効果的です。不適切な言動の演技は大人がやってみせて、「どうしたらいいのか…」の適切な言動を子どもにやってもらうほうが進めやすいでしょう。発達段階によっては自分で演じることを恥ずかしがるので、その場合はペープサートにするとか、意見を述べてもらい演じるのは大人がおこなうこと

にしてもよいでしょう。

(6) 共同活動

工作や調理といった作業も相談や協力するのにとてもいい活動です。工作ではつくった後にあそべる、調理はつくった後に食べられる、という子どもにとっては楽しみなゴールがあるので、多くの子どもにとって意欲的な活動です。また、これらの活動はことばでの表現が苦手な子どもにも取り組みやすいものですので、このようなタイプの子どものかかわりの機会としても効果的です。1人ひとりがつくる場合でも材料を選ぶ、交換する、用具を順番に使うといった場面でことばかけや相談ができます。共同製作であればどんな風につくるのかの相談や、役割分担、助け合うなどの場面が出てきます。ロールプレイやワークシートで確認したことも自然な形でおこなうことができます。また、共同活動の一つとしてバザーやフリーマーケット、キャンプなどのイベントでもさまざまなかかわりの体験ができます。

(7) ワークシート、絵カード、ソーシャルストーリー

子どもの課題になっている言動をワークシートや絵カードを使うことで整理し、意識化してもらうことができます。多くの子どもが困りそうな場面を集めたSSTカードやワークシートも市販されていますが、ロールプレイと同じようにそれらを参考にしつつ、目の前の子どものターゲット行動に合わせてオリジナルをつくることに意味があります。

また、子どもの振る舞い方のガイドブ

ックになる「ソーシャルストーリー」に関する本もたくさん出ています。特に視覚的な情報処理が得意な広汎性発達障害の子どもたちには非常にいい支援になっています。それぞれの子どもにぴったりフィットする「こんなときどうするブック」を作成したいものです。また、自分の行動や自己認知の様子を確かめるためにもワークシートによる振り返りは重要です。形に残すことで子どもたちも自分を客観的に見直すことができるようなります。こういったワークシートをつくるときは、書き表しやすいように「どう思いますか？」といった漠然とした投げかけではなく、項目の中から選択する、順位を選ぶ、数値化する、色でわける、絵で示すなどの具体的に記入できるようなシートづくりを心がけます。

5. ソーシャルスキルトレーニングはどこでだれがおこなうか

今まで説明してきたソーシャルスキルトレーニングは、通常学級や特別支援学級、通級学級といった学校でも家庭や教育センターや療育センターといったところでもどこでもおこなうことはできます。よって、教師、保護者、指導員、心理士など、どの立場の人でもできます。ただ内容によっておこないやすい場は当然あります。その場その場で効果的におこなえることを実践していくことがなによりです。この本のアイデアの多くは、学校や専門機関でおこなうことを想定していますが、家庭でするならというアイデアも多く載せていますので是非、ご家庭でも取り組んでいただきたいと思います。

6. ソーシャルスキルトレーニングの土台となること
～生活スキルとスタディスキル～

最後にこの本の本題からは少しはずれてしまうのですが、ソーシャルスキルトレーニングをおこなう以前に、またおこなうことと平行して是非、取り組んでいきたいスキルが2つあります。まず上手な自己主張やスムーズなかかわりができていても基本的な身辺のスキル＝生活スキルが身についていなければ当然ながら本当の意味での自立とは言えません。次に、幼稚園、保育園、学校という集団の中で人から学ぶための基本的なスキル＝スタディスキルも重要です。どちらもソーシャルスキルとの連続性は強く、重なっている部分もあります。特に通常学級に在籍する子どもにとってスタディスキルの獲得は学力の定着とともに必要です。こういった観点も持ちながらソーシャルスキルトレーニングをおこなっていきましょう。参考までにスタディスキルの項目内容を以下［表2］（22頁）に示します。

[表1] ソーシャルスキルチェックリスト（2009年度改訂版を一部改編　LD発達相談センターかながわ）

〈1〉自己認知スキル

●1-1	五感・ボディイメージを高める
1	ボディーイメージ（自分の体の幅、左右の理解、バランスなど）がつかめている
●1-2	自分や家族を紹介する・自分を知る
2	自分の名前と年齢、好きなこと嫌いなことを言うことができる
3	家族の名前や仕事、親族（祖父母、叔父母、いとこ等）の関係を理解している
4	自分の気持ち、長所、短所、適正を理解している
5	自分の言動の評価、振り返りを適切におこなうことができる

〈2〉コミュニケーションスキル

●2-1	コミュニケーション態度を育てる
6	園や学校で話し手に注意を向けて話を聞くことができる
7	話しを聞く間、席を立ったり、騒いだりせずに過ごすことができる
8	大人の指示に従うことができる
●2-2	会話を続ける・やりとりの流暢さ
9	順序だてて相手にわかるように話を伝えることができる
10	相手の話に相槌をうったり、内容に沿った返答や質問ができ、話が終わるまで待って、話すことができる
●2-3	ノンバーバルコミュニケーション
11	その場に合った声の大きさで話すことができる
12	相手の気持ちを表情や声の調子から読み取ることができる
13	自分の気持ちを表情や声の調子で表現することができる
14	適切な対人距離がわかる（人になれなれしく話しかけたり、近づきすぎたりしない）
15	目配せ、手による制止など身振りで表される意味がわかる
●2-4	相手の状況や気持ちの理解
16	状況に合わせて適切な表現ができる（目上の人に敬語、年下には、かみくだいた表現など）
17	自分と相手の興味、関心が異なることがわかり、受け入れられる
18	自分と相手の考えや意見が異なることがわかり、受け入れられる
19	冗談を理解することができる
20	言外の意味（ことばの省略や含み）を理解することができる

〈3〉社会的行動

●3-1	集団参加
21	その場に応じたあいさつができる
22	集団の決まりを理解し、守ることができる
23	頼まれたことや役割を果たそうとする
24	仲間に入りたいとき、自分からすすんで相手に声をかけることができたり、友だちを誘うことができる。やめるとき断るときも自分から伝えることができる
25	一定の時間、集団のあそびや活動に参加し続けることができる
●3-2	ルール理解・集団における気持ちのコントロール
26	1番など順番にこだわったりせず、順番を守ることができる
27	ジャンケンでタイミングよく出せ、勝ち負けがわかる
28	ずるをしたり、勝手にルールを変えたりせず、負けを受け入れてゲームに参加することができる
29	簡単なあそびや運動（すごろく、ババ抜き、フルーツバスケット、ドッチボールなど）のルールがわかり、安定して参加できる
30	複雑なあそびや運動（ウノ、野球、サッカーなど）のルールがわかり、安定して参加できる。また、ルールが途中で変わっても合わせられる

● 3-3 提案・助言・協力・共感・主張

31	あそびや活動の内容を提案することができる
32	必要に応じて友だちと協力しながらあそびや活動に参加できる
33	困っている友だちに声をかけたり、助けたりすることができる
34	トラブルが起きたとき、解決方法を提案できる
35	不当に評価されている友だちをかばうことができる
36	仲間に声援（頑張れ、ドンマイなど）を送ったり、喜びや辛さを共感することができる
37	友だちをほめたり、友だちのよい所を見つけたりすることができる
38	相手の嫌がることを言ったり、やったりしない
39	友だちが失敗したとき、励ましたり慰めたりすることができる
40	友だちが失敗したとき、必要に応じて、見守ることもできる
41	わからないとき、困ったときに適切な援助を求めることができる
42	自分のあやまちに気づいたときは、素直にあやまることができる
43	過剰または不適切な要求を断ることができる
44	自分の意見を伝えるとき、感情的にならず話すことができる
45	思い通りにいかないとき、妥協や思考の転換ができる

[表2] スタディスキルチェックリスト（2009年度改訂版　LD発達相談センターかながわ）

〈1〉流れに沿った行動
1. 授業開始時に着席している
2. 時間割の流れにあわせて行動することができる。前の活動が途中でも次の授業に参加できる
3. 急がなくてはいけないときに速く行動することができる
4. 課題が終わって待っていることができる
5. 状況の変化（急な時間割の変更など）に適応することができる

〈2〉整理整頓、持ち物管理、身辺整理
6. 配布物をしまい、なくさずに持ち帰ることができる
7. 机、ロッカーを整えることができる
8. 用具や提出物の忘れ物がない
9. 時間内に着替えを終えることができる
10. 作業の手順（用具の準備、かたづけなど）が適切である

〈3〉感情のコントロール他
11. 困ったときやわからないときに、ことばで援助を求められる
12. 失敗や間違いなど思い通りにならないことを受け入れられる
13. すぐにやめたりあきらめることなく、根気よく取り組むことができる
14. 興味の偏りがなく、何にでも取り組むことができる
15. 授業の妨げとなる言動がない

〈4〉授業参加
16. 授業に必要な教科書などの準備ができる
17. 離席なく、適切な姿勢で授業を受けることができる
18. 全体への指示を聞き、従うことができる
19. 授業中の発言のルール（さされてから発言する、声の大きさなど）を守ることができる
20. ノートやプリントの記入が適切である（板書の写し、枠内に収める、消すなど）

第2部

SSTの実践

五感・ボディイメージを高める

1. ブラックボックス

★ **対象** 幼児～低学年
（やり方や中に入れるものを変えれば高学年、中学生も可）

★ **人数** 1人～

★ **時間** 5～10分

★ **準備** 中身が見えなくて腕が入るくらいの穴を空けた箱（段ボールの箱を使うとよい）、感触が特徴的な生活用品（ツルツルしたファイルや紙、チクチクしたタワシやブラシ、ふわふわした触り心地のいいぬいぐるみやタオル、ざらざらした紙ヤスリや焦げ落とし用のスポンジ、ぬるっとしたスライムなど）

★進め方★

触覚に意識を集中させるゲームです。最も基本的な段階としての進め方は、箱の中に入れるものを初めにすべて見せておきます。そのときに、「髪の毛をとかすブラシですね、ここのところを触るとチクチクするね」と言って物の名前を教え、感触をことばにしてあげるといいでしょう。すべてを説明した後、「この中に1つ入れますよ、触るだけで何が入っているか当ててください」と言って、見えないところで1つだけ箱の中に入れ、子どもが触って中身を当てます。また、箱にいくつかものを入れたり、1セット分すべて入っている箱の中から、指定された物を探す方法もあります。そのとき、触り心地もことばで説明してもらうと、触感を言語化する経験にもなります。

また、自分の触覚の特異性（触覚に過敏さや鈍感さを持っている）について意識を持てている段階の子どもなら、ゲームをやった後に、どんな触り心地が好きか、嫌いかなど触覚についての話し合いや、触り心地スケール（こんな触り心地が好き、嫌いをグラフにする）をつくるなどをおこなってもよいでしょう。

★指導のポイント・コツ★

わかりやすい問題から徐々に難易度をあげたり、わからないときはことばでヒントを与えることにより、イメージする楽しさを経験できるように工夫しましょう。

★応用・発展編★

2つの箱を用意し、2人1組のペアになってやる方法もあります。問題を出す子どもの箱には1つの物、同じ物を探す子の箱には、たとえば5つの物を入れておきます。問題を出す子どもは、箱から物を出さないで、ことばで「ツルツルしていて角がある物」など説明します。当てる子どもはそのことばを手がかりに5つの中から手触りで正解を選んで、箱から取り出します。問題を出す子の箱の中からも物を取り出し、両方が同じだったらめでたく正解！　というわけです。

あらかじめ何が入っているかの確認をしないではじめれば、むずかしくなりますし、触り心地の説明が複雑な物を問題にすれば、中学生でも十分楽しめるゲームです。

手の入れ口を2か所にして、両方で確かめてもよいでしょう。

自己認知スキル

五感・ボディイメージを高める

2. スローモーションゲーム/そーっとゲーム

 対象　幼児〜

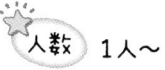 人数　1人〜

 時間　10分

 準備
①スローモーションゲーム：歩く範囲を示すためのビニールテープ、ストップウォッチやタイムタイマー、砂時計など時間を計るもの。
②そーっとゲーム：将棋やつみ木、市販のバランスゲームなど大型つみ木や段ボール箱、本を使ってやってもダイナミックに楽しめます。

★進め方★

体のイメージを高めるとともに、体の動きを上手にコントロールできることも、人とかかわる上では大切です。体のコントロールができることは気持ちのコントロールにもつながっていきます。早く、強くやることは得意な子どもたちも、ゆっくり、力を弱める活動は苦手なものです。そんな子どもにおこないましょう。

①**スローモーションゲーム**：一定の距離をとまらないで、できるだけゆっくり、または一定の距離を○秒かけて歩く競争です。途中で時間調整できるように砂時計やタイマーを見せながらそれに合わせて動くやり方や目標時間を30秒などと決めて自分の心の中でカウントダウンしながら、どれくらい時間に近かったかを競争するやり方などがあります。

②**そーっとゲーム**：昔からあるあそびの「泥棒将棋」のように音を立てずに物をとるあそびです。「音を立てないようにゆっくり、そーっと運びましょう」と見本を見せておこないます。小グループでおこなうときは、子どもたちの状況に合わせてみんなで合計何個とれたことにしたり、対抗戦にしたりしてみましょう。

★指導のポイント・コツ★

子ども同士でおこなう場合、音が出たかどうかなどの判断でトラブルになることも考えられますので、大人が適宜審判として判定します。

★応用・発展編★

そーっとゲームは、ピンセットやトングなどの道具を使って運ぶ、大型つみ木などはペアで運ぶなどのアレンジも可能です。

またこぼれそうな物や崩れそうな物（コップになみなみと入れた水やお皿の上の豆腐など）をそっと運ぶ練習など、日々の生活の中で取り入れてみましょう。

自己認知スキル

五感・ボディイメージを高める

3. 前後左右ジャンプ

 対象 幼児〜
 人数 1人〜
 時間 5分
 準備 前後左右シート

★進め方★

前後左右の理解が不十分な子ども、指示通りの体を動かすことが苦手な子どもにおこないましょう。布またはじょうぶな紙の中央に（段ボールを開いてつくってもいいでしょう）、子どもが立てるマスをつくった、前後左右シートを用意します。前後左右の4つのエリアは色わけしておきます。子どもを中央に立たせ、「みーぎ」といったら右に移動、「う・し・ろ」で後方へ移動してもらいます。慣れてきたらリズミカルに「みーぎ、まーえ、ひだりー、うしろ」といくつか指示をして、それに合わせて各エリアにジャンプして移動します。1つのエリアにジャンプしたら、必ず中央に戻ってから次のエリアに移動するようにします。上にのると音が出るように踏み笛（ぶーぶークッションの中にあるようなもの）を入れておくような工夫をすると、さらに楽しく取り組めます。

★指導のポイント・コツ★

左右があいまいな子どもには右手や右足に緑色のリストバンドを着け、「みどりのみーぎ」と語呂合わせで覚えるようにしてみましょう。

★応用・発展編★

指示を早くしたり、動きを複雑にしたり、「みぎあしまーえー」というようにエリアに置く体の部位を限定することで、むずかしくすることができます。

子どもが中央に立ち、大人の指示に合わせて各エリアにジャンプして移動

 自己認知スキル

五感・ボディイメージを高める

4. タッチングゲーム

 対象　幼児〜低学年
（やり方や中に入れるものを変えれば高学年、中学生も可）

 時間　5〜10分

 人数　1人〜

準備　何もなくてもできます。触れたところをよりわかりやすくするためにはツボ押しグッズなどを使ってもよいでしょう。また体の部位の名前がはっきりしていない子どもとする場合は「身体部位図」のようなものも用意しましょう。

★進め方★

体の部位を意識したり、部位の名前を覚えることを目的としたゲームです。体の感覚が未熟な子ども、言われたとおり、見たとおりに体を動かすことが苦手な子どもとおこないましょう。

子どもの体の部位に触り、そこがどこだったか、当ててもらいます。うまく当てられたら、「大せいかーい」と言ってあげます。やり方はいくつか考えられますが、一番基本的な進め方としては、まずアイマスクなどで子どもに目をつぶってもらいます。体の1か所を大人が触り、その後、同じ場所を子ども自身にもタッチしてもらいます。大人が触ってから子どもが触る時間の間を長くするとそれだけ難易度があがります。また触るのにツボ押しグッズを使えばより触った場所が明確になりますし、スポンジつきの棒（コップなどを洗うときに使うもの）などで触るとよりむずかしくなりますので、使う道具なども工夫し、「レベル1」「レベル2」などと段階をつくって挑戦するのも楽しいものです。

触った場所にシールを貼っておくと、自分が思った場所が正解かどうか子ども自身でも確認できます。部位とその名前を一致させる活動としておこなうなら、触られた場所の名前をことばで言ってもらいます。ひじ、すね、ふくらはぎなどの名前をまだしっかり覚えてないのであればヒントとして「身体部位図」のような体の部分の名前が書かれている絵を貼っておきましょう。

★指導のポイント・コツ★

子どもが触った場所の厳密さにこだわり過ぎないように、だいたいの範囲でいいことを事前に伝えておきましょう。

★応用・発展編★

触る場所を2、3か所にすると記憶する練習にもなります。大人の役割を子どもにさせてもよいでしょう。

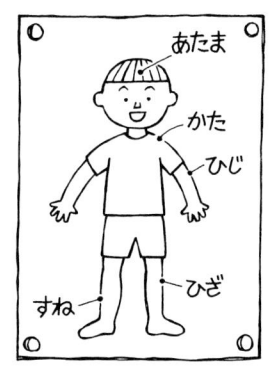

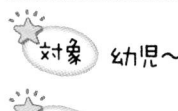 自己認知スキル

五感・ボディイメージを高める

5. 何歩でいける？

- 対象 幼児〜
- 人数 1人〜
- 時間 5分
- 準備 なし

★進め方★

　自分の歩幅を意識したり、距離感を考えるゲームです。自分の体のコントロールの苦手な子どもとおこないましょう。スタートラインからゴールまで何歩でいけるか宣言してから、実際に歩きます。歩幅を決めずにゴールまで足幅を合わせるやり方、「だるまさんがころんだ」のように大股、小股ときめてやるなどの方法が考えられます。

　歩いていく途中に机やイス、三角コーンなどを置いたり、机の上から少しノートがはみ出している状態にしておいて、それらにぶつからないようにしながら考えて歩くようにすると、より難度があがります。また、生活場面で、物や人を意識する練習にもなります。

★指導のポイント・コツ★

　本番の前に短めの距離を何歩くらいでいけるか練習してからはじめると、感覚がつかめるようになるでしょう。

★応用・発展編★

　幼稚園やお買い物の帰り道、あの電信柱まで何歩、自動販売機まで何歩と予想を立てながらいくとよいでしょう。

自己認知スキル

五感・ボディイメージを高める
6. ノータッチゲーム

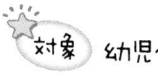 対象　幼児〜

 時間　10分

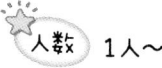 人数　1人〜

 準備　さまざまな大きさの輪を数種類（市販の大中小のフープ、または新聞紙をねじって輪にしたものにビニールテープを巻きつけたものを使えば、大きさのバリエーションができます）

★進め方★

　自分の体の細部を意識するゲームです。物や人にぶつかっても気づかない、体の動かし方がぎこちない子どもにやってみましょう。用意した輪を大人が持ち、その輪に体のさまざまな部分をノータッチで（触れずに）通すことができたら合格！　というゲームです。触れたかどうかを判定するのは大人にしましょう。ゲームをする子どもの発達段階に合わせて、通過しやすい輪にするか、ぎりぎりの輪にするか決めてください。

　サイコロを2つ用意し（大型サイコロがあるとより盛り上がります）、1つのサイコロの六面それぞれに、全身、腕、足、頭、右手の人さし指、左の小指など、体の部位を書き込んでおき、もう1つのサイコロに、大きい赤、小さい緑というように大小の輪を書き込んでおきます。その2つのサイコロで、出た部位を、出た輪に通すようにします。カードにしてそれぞれのグループから1枚ずつ引いてもらう方法もあります。

★指導のポイント・コツ★

　触れたのに触れていない、と主張する子どももいるかもしれません。触覚が未熟だと、かすかな接触は感じられません。また、これを勝負と思い、負けたくないので、触ったことがわかっていても認めたくない子もいます。これも子どもの状況に合わせてあまり厳密にせず、「触らないように気をつけること」を目標にしたり、厳密に触らないことを意識させたりしましょう。はっきり意識させることが目標であれば、輪の内側に小麦粉をつけておくなど、触れたことが本人にも視覚的にわかる工夫も考えられます。

　ただその際、ゲームがあまり殺伐としないように、指導者があえて触ってしまう場面をつくる、明らかにみんなが触ってしまう、もしくは明らかにみんなが触らないで成功できるようにするなど、楽しい雰囲気で終われるように心がけましょう。

★応用・発展編★

　体の部位の場所や左右の理解の確認にもなります、やや難易度を上げて「左手でフープを持って右足に通す」などの条件をつけるやり方もあります。

　またフープの代わりに新聞紙をくりぬいたぺらぺらな輪でやると破れたこと（触ってしまったこと）がはっきりわかります。

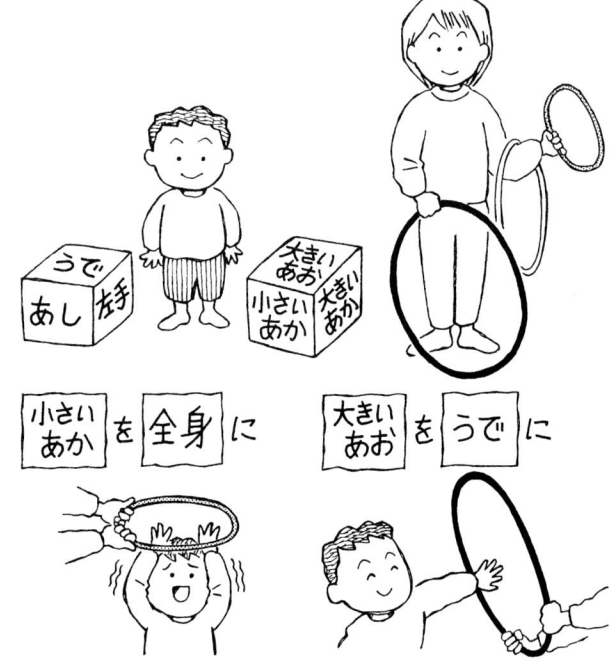

自己認知スキル

五感・ボディイメージを高める

7. どっちが重い？（重さ比べ）

 対象　幼児～

 時間　10分

 人数　1人～

準備　100gから1000gまでのお手玉や砂や石、水などを入れた袋5種類程度

★進め方★

物の重さ、軽さを実際に感じることによって力を出すことのイメージにつなげていきます。ものの扱いが乱暴だったり、ものにぶつかっても気にしない子どもとおこなってみましょう。

「重さ比べをします。この5つのものを重い順番（軽い順番）に並べてみましょう」の指示で、触ったり、持ち上げたりして、順番に並べます。持ったときの重さを正しく感じ、他のものと比較できるようになるといいです。中・高学年では、選択肢の中の「〇〇グラム」の問いにおおよそ正確に答えるようにします。すべて砂袋といった同じ素材だけではなく袋によって石、お米、お手玉など中身を変えると難易度も上がります。

★指導のポイント・コツ★

いくつ比較するかは、子どもの様子を見て決めましょう。はじめは2つで自信をつけてあげてもよいでしょう。

持ち方をいつも同じにする、目をつぶるなど重さに集中できるコツを教えてあげましょう。

★応用・発展編★

家庭では、買い物のときに袋を2つ用意してみましょう。品物をつめるときに、軽い袋と重い袋にわけ、お母さんとどっちを持つか決め、軽重の違いを感覚としてとらえます。お手伝いにもなって一石二鳥です。

自己認知スキル　　五感・ボディイメージを高める

8. 力の強さを見てみよう

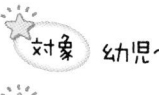 対象　幼児～

 時間　10分

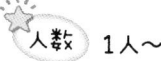 人数　1人～

 準備　紙ねん土

★進め方★

目には見えない力の入れ方をことばとねん土の形の変化で具体化してみるあそびです。力の加減がうまくできず友だちを強くたたいてしまう、ものの扱いが乱暴になってしまうといった子どもと取り組んでみましょう。

力の入れ方レベル1：ふわっと、レベル2：そっと、レベル3：少しぎゅっと、レベル4：ぎゅっと、レベル5：ぎゅーーっと、など5段階の力の入れ方を言語化し、5段階にわけて、丸めた紙ねん土を握ってみます。紙粘土の形の変化を見て、力の入れ方の違いを感じます。

★指導のポイント・コツ★

レベルのキーワードをカードに書くなどするときは力の加減によってカードの色わけ（レベル1は青、2は水、3は黄、4はオレンジ、5は赤など）をすると、よりイメージがわきやすくなります。

★応用・発展編★

友だちをたたいてしまったときに「たたくと、お友だちが痛いよ」ということばかけだけでは理解できないこと子どもには「○○ちゃん、いま、レベル5の力（あるいは『ぎゅーーっ』の力）だね。お友だちを呼ぶときは2の力（あるいは『そっと』の力）で『ねえ、△△ちゃん』って言ってみようね」と教え、実際の生活場面でも意識づけをしていきます。

自己認知スキル

五感・ボディイメージを高める

9. お風呂ごっこ

対象　幼児～

時間　5分

人数　1人～

準備　お風呂に入っているイメージが持てるように、ボディスポンジ、手桶、お風呂になる大きめのダンボールかビニールプール

★進め方★

体の部位の名前を覚え、その位置を正しく知ること、各部位の右左がわかることを目的としたあそびです。また、触感覚が過敏な子どもにとっては、触れる感覚に慣れる経験になります。大人（お母さん、お父さん）にしてもらう、自分でする、友だちにしてもらうなど、さまざまなやり方があります。自分でおこなう場合は、子どもはボディスポンジを持ち準備します。大人がリズムよく節をつけて「右手をごしごし洗いましょう～もいちどごしごし洗いましょう～左手ごしごし洗いましょう～もいちどごしごし洗いましょう～」と歌います。歌に合わせてその部分をごしごしこすります。

これで1番が終わりです。次は右足、左足、お尻、背中、右ひじ、左ひざなど子どもの状況に合わせていくつか部位を続けて洗います。3番くらいまでくり返したら、最後にお風呂に入ります。お風呂に入った子どもに、「ザバーザバー」と言いながら手桶のお湯をかけてあげて終わりです。本当のお湯の代わりに水色のスズランテープを細かくしごいたものを桶の底に貼っておき、ひっくり返すと滝のように流れてくる仕掛けをつくっておくと、子どもたちはお湯をかけてもらうのに大喜びし、楽しみにしながら一生懸命ごしごし洗ってくれます。

★指導のポイント・コツ★

左右がわかりやすいように、大人は横に並んでおこないましょう。

★応用・発展編★

1番の4フレーズを全部違う部位にしたり、歌のスピードをあげたり、子どもに部位を決めさせてもよいでしょう。もちろん家の本当のお風呂の中でやってみるのもいいですね。

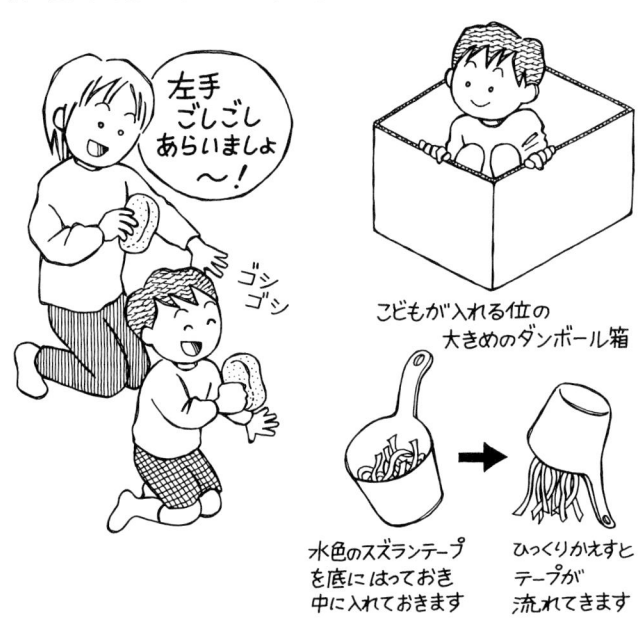

自己認知スキル

五感・ボディイメージを高める

10. 忍者の修行

対象　幼児～

時間　20分

人数　4人～
（人数が多い場合は待ち時間が長くなるので、2つにわける）

準備　動きの絵、道具、修行シールシート、ごほうびの巻物・しゅりけん

★進め方★

　子どもたちは生活をしていく中で、自然と体の動かし方、力のコントロールを学びます。しかし、勝手に動き回ることや、「ドン！」と力いっぱいはできるけれど、力をコントロールすることが苦手な子どもがいます。そのような子どもに「ゆっくり、そっと、しずかに」動くことを意識させる課題が「忍者の修行」です。

　「忍者」から子どもたちは、「さささっと、すばやく、しかし敵に見つからないようにときにはゆっくり、そっと、しずかに」動かなくてはならないというイメージが浮かぶようです。

　そして、修行をして本物の忍者になったら、ごほうびの巻物としゅりけんがもらえるというのも魅力的です。

　修行は週1回の指導の場合、毎回20分程度7～8回おこないます。頻繁におこなえる場合は、同じ課題を2、3回くり返して、次の課題に移ると良いでしょう。触覚過敏のある子ども以外は、素足でおこないます。

修行シールシート

★課 題★

■マットを使って
自分の体の大きさを知り、自由に動かします。

- ●「横転」
  手足を伸ばします。

- ●「でんぐりがえり」
  手足を縮めます。

- ●「たかばい（横）」
  両手両足をマットにつけて左右に移動します。

- ●「たかばい（前と後ろ）」
  両手両足をマットにつけて前後に移動します。

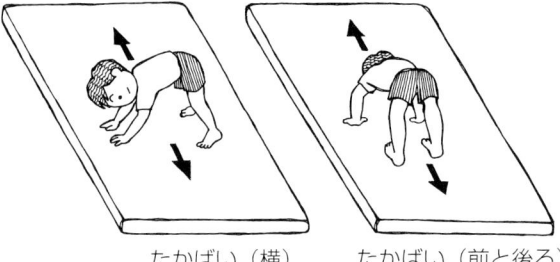

たかばい（横）　　　たかばい（前と後ろ）

■平均台を使って
バランス力を養います。

- ●「前歩き」
  平均台に乗って、前に移動します。

- ●「後ろ歩き」
  平均台に乗って、後ろに移動します。

- ●「つみ木ごえ」
  平均台に乗って、前に移動します。途中につみ木が置かれているので、それをまたがなくてはなりません。

- ●「お手玉のせ歩き」
  平均台に乗り、お手玉を両手の甲にのせ、前に歩きます。

つみ木ごえ　　　お手玉のせ歩き

＊移動は両足を交互に出すことが望ましいですが、むずかしければすり足で移動してもよいことにします。恐怖心がある場合は先生がそばにいて手をとってあげてください。

■くぐりシリーズ
自分の体の大きさと空間の大きさの関係を感じ、上手に体をコントロールします。

- ●「トンネルくぐり」
  体を縮めてトンネルの中をはってくぐります。

- ●「棒くぐり」
  牛乳パックなどでつくった台に棒を乗せ、その下をはってくぐります。

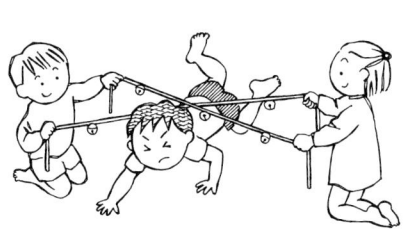

なわくぐり　　　　くものすくぐり

● 「なわくぐり」
　鈴のついた2本のなわの端を2人の子どもが交差させて持ち、高さを調整します。そのなわに触れて鈴が鳴らないように（鈴が鳴ると敵に見つかってしまうから、と伝える）移動します。

● 「ネットくぐり」
　網の下をはってくぐります。網が行く手をふさぐので、両腕で自分の体の大きさに空間をつくって進まなくてはなりません。

● 「くものすくぐり」
　フープにゴムを結んだものを使います。ゴムを体で押し広げて移動します。

＊くぐりシリーズは、体を縮めることや姿勢を低くすることの他に、両腕で体を引き寄せる力や足で地面を押す力も必要になります。

■歩き方シリーズ
決められた歩き方で歩いたり、線に沿って歩きます。

● 「にんじゃ歩き①」
　左右の足を交差させながら横に移動します。

● 「にんじゃ歩き②」
　立て膝をして交互にしゃがみ、立て膝のほうのつま先を反対側の手でタッチし、立ち上がって、今度は反対の膝を立ててしゃがみ、そのつま先を反対側の手でタッチします。この動きをくり返します。

にんじゃ歩き①

● 「ロープ　またぎ歩き」
　ロープをまっすぐにして床に置き、そのロープを踏まないようにして、左右の足を交差させ、またいで歩きます。

● 「ロープ歩き」
　ロープを蛇行させて床に置き、その上をロープに沿って歩きます。

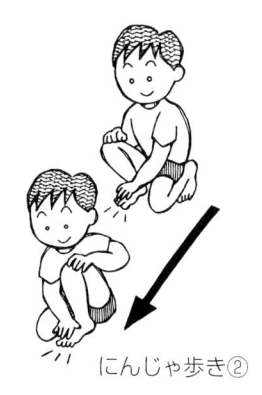

にんじゃ歩き②

● 「ロープのあいだ歩き」
　ロープを2本蛇行させて置き、そのあいだを歩きます。

＊本物の忍者は、高い屋根と屋根の間にロープを張って、その上を歩くけれど、みんなはまだ修行中だから床に置いたロープの上や、あいだを歩こうねと言い、本当は落ちたら大変なんだよ！　と慎重に歩くことを意識させます。

■スクーターボードシリーズ
　厚手の板に４つ車輪をつけたスクーターボードに乗って移動します。体はもちろん、両手両足をコンパクトにまとめて車の上に置くことや、床につかないように保持する力も必要となります。

●「ウルトラマン」
　車に腹ばいに乗り、両手両足でスクーターボードを押し蹴ってスピードをつけ、その後は両手両足を浮かせたままで、目的のところまで移動します。タイミングよく蹴る力と両手両足を浮かせて保持する筋力が必要です。

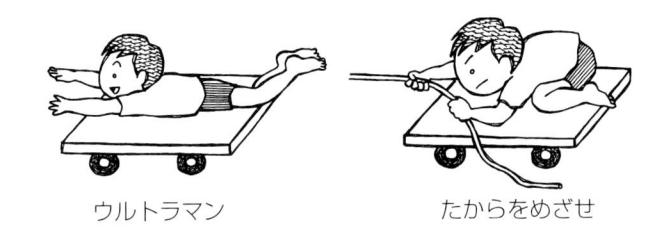

ウルトラマン　　　　　たからをめざせ

●「たからをめざせ」
　スクーターボードに丸くなって乗り、両腕で紐をたぐり寄せて、移動します。両手とも均等の力加減で交互に手を出し、引っ張らなければまっすぐ前に進みませんが、交互に手を出すことや、力を均等に入れることがなかなかむずかしく、車が動かなくなったり、斜めに進んでしまうことが多いです。その場合、うしろからまっすぐ進むように押してあげます。

●「レスキュー隊」
　スクーターボードに仰向けになって乗り、上にある紐をたぐって頭の方向に進みます。ここでも、「たからをめざせ」と同じ力が要求されます。その上、目的地が見えないので、さらにむずかしくなります。

●「キャタピラー」
　ダンボールでつくったキャタピラーに乗り、進行方向に進みます。おへそのほうに目を向けて、頭の先で押し、手を交互に出すこと膝を使って前進する力が必要です。前が見えないので、友だちに誘導してもらいます。

★指導のポイント・コツ★
　毎回の指導の終了時に修行シートにできた課題分のシールをはって全部シールが貼られたら巻物としゅりけんがもらえるというように意識づけます。

★応用・発展編★
　年齢の大きい子には「サーキットオリンピックに挑戦！」として金シールをため、金メダルがもらえるようにするなどテーマをかえてもよいでしょう。

自己認知スキル

五感・ボディイメージを高める

11. アクションすごろく

- 対象 幼児〜
- 時間 10分
- 人数 4人〜
- 準備 アクションすごろく・サイコロ・コマ

★進め方★

　五感・ボディイメージが育ちつつある子どもが、みんなで楽しみながら「指示に従って体を動かす」課題です。

　スタートにコマをならべて、サイコロをふり、出た数だけ進むといったやり方はふつうのすごろくと同じですが、ゴールまでに20項目ほどの「指示」があり、止まったところの指示に従わなければなりません。

　指示の内容の例をあげると、①おこった顔をする、かなしい顔をする、など表情をつくる課題や、②目をつむって右足をあげて15数える、つま先で立って両腕を上げる、などバランス課題、③右手で前から左耳を、左手でうしろから右耳をつまむ、など体や左右を意識させる課題、などです。

★指導のポイント・コツ★

　勝敗が伴いますので、勝ち負けに過敏に反応する子どもには負けの受容②（78）、③（79）にあるような対応を考えましょう。

★応用・発展編★

　指示の内容を子どもに考えさせたり、グループ（ペア）ごとに考えさせてオリジナルアクションすごろくをつくっても楽しいものです。

自己認知スキル

五感・ボディイメージを高める

12. まねっこゲーム

- **対象** 幼児〜
- **人数** 1人〜
- **時間** 5〜10分
- **準備** リズムをとるタンバリン、発展編として手に持つもの（フープや棒など）

★進め方★

お遊戯や体育のダンスがなかなか覚えられない子どもにやってみましょう。2人1組になって、相手の動きを鏡のようにまねっこするゲームです。子どもたちは、日ごろ大人の模倣を求められることこそ多いですが、だれかがまねしてくれることは少ないので、自分をまねしてくれる、という設定に喜ぶ子どもがたくさんいます。メリハリがつくようにタンバリンのリズムなどに合わせて、タン・タン・ターンで1つの決めポーズ、3回くり返したら、まねをする役を交代するといいでしょう。日ごろあまりやらないポーズをダイナミックにすることで、自分の体を意識することになります。

「あたま・かた・ひざ・ぽん」や「アイアイ」など幼稚園や保育園でよく歌われる歌に合わせて、リズミカルに体を動かしてみるのも楽しいです。

★指導のポイント・コツ★

人の動きを模倣することに拒否的な子どももいます。そんな子どもには、ごくごく簡単な「両腕をあげる」「片足をあげる」といった動作からはじめましょう。

★応用・発展編★

フープや棒など道具を持ってポーズをとると複雑な動きもできて、難易度があがります。

運動会の学年ダンスや体操では、ボディイメージの弱い子に対しては前もってビデオを見せて、動きを区切りながら、また、ことばに合わせて体の動きをつくっていくなどの支援をおこないましょう。

> 自己認知スキル

五感・ボディイメージを高める

13. チェンジゲーム

★対象 幼児～
★人数 1人～
★時間 10分
★準備 模造紙などに背景の絵を描き、そこにはさみやボタン、えん筆、箸、紙コップなど、さまざまな生活用品をはりつける

★進め方★

　注視や、視覚記憶が主にポイントになるゲームです。話し手や見るべきところに注目がいきにくい子どもにおこないましょう。季節にあった絵、たとえば、春なら新学期の教室、夏なら海水浴の海の絵などを背景として描いておきます。そこにえん筆や定規、クリップやスプーンなど子どもの年齢に合わせたなじみのある複数の生活用品や文房具をセロテープなどで貼りつけます。そのおかしな絵を一定の時間見ていてもらい、次の瞬間、絵を隠したり、背景だけがあるもう1枚の模造紙に張りかえたり、その中のいくつかを取り外したりします。そこで何が変わったか（なくなったか）を当ててもらいます。

　市販されている間違い探しと似ていますが、絵の中にあり得ない具体物が貼ってあることや、大きな絵を見渡すことが子どもたちにはおもしろく、興味を持って注目してくれます。当てられない（思い出せない）数が1つか2つくらいになるように設定すると、「今度こそは！」と意欲を高めることができます。

★指導のポイント・コツ★

　貼っておくものの数、覚えるために見ている時間は対象の子どもの状況をみて決めましょう。年長から低学年くらいなら2つくらいからはじめて、最大5つくらいまでがいいでしょう。

★応用・発展編★

　記憶の練習としておこなうのであれば何個貼ってあるか数えておく、小さな声でくり返してつぶやいて覚える、上から順番に覚える、ものの頭文字をつぶやいて覚えるなど、「覚え方のコツ」を考えさせたり話し合ったりするとよいでしょう。

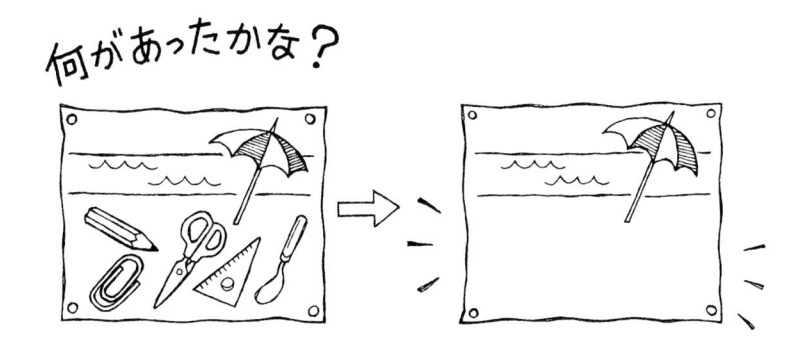

何があったかな？

> 自己認知スキル

五感・ボディイメージを高める

14. 変身ゲーム

⭐ **対象** 幼児〜
⭐ **人数** 2人〜
⭐ **時間** 10分
⭐ **準備** 変身するときに身につける帽子、鞄、時計、サングラスなど

★進め方★

相手に興味関心を持って注目することを意識するゲームです。みんなに注目されたい子どもが大好きなゲームです。まず「変身」するAくんを選びます。その他の子どもには「これからAくんが変身してきます。変身前のAくんに注目!」と変身前のAの姿を上から下まで、前後も見てもらいます。その後、Aくんは別室または、ついたての後ろに行き、帽子やサングラスなど何かを身につけたり、名札の位置を変える、袖まくりをする、上履きを脱ぐ、洋服を前後逆に着るなど、今、身につけていたものを変えて再登場します。その他の子どもにAくんの変身したところを見つけてもらいます。

変身するアイテム数は参加している子どもの様子で決めます。グループで多くの子どもに変身役を経験させてあげたいのなら1つ増やして1つ変える、合計2つ位がよいでしょう。少ない人数や、やや年齢の高い子どもたちのグループなら5か所くらいでもいいでしょう。変身時間があまり長くなると待っている子どもが飽きてしまうので変身グッズはあらかじめ2つくらい準備して選ばせる、変身準備タイムをそれぞれがはじめに全体でとり、変身箇所を決めてから次々に問題を出していく方法もよいでしょう。

★指導のポイント・コツ★

注視、注目以外に文で相手に伝えることも課題にする場合「はじめは〜だったけれど、今は〜になりました」などフォーマットをつくっておき、それに合わせて丁寧に説明するように促しましょう。洋服のえり、裾、脇などのことばを知らない子どももいますので覚えるチャンスにもなります。

★応用・発展編★

高学年や中学生とおこなうのであればクリップをつける、第2ボタンを開けるなどより変身箇所がわかりにくいようにします。また「ペアで変身ゲーム」とし2人で変身グッズから何を選ぶか、どこにつけるか、どこを変えるかなどの話し合いをしておこなうことで、コミュニケーションの練習にもなります。このときみんなから見てわかる変身をすること(見えない部分を変えても意味はないこと)をルールとして伝える必要のある子どももいます。

中高生の面接や実習に備えて乱れた服装と正しい服装のポイントを、このゲームを使って意識させることもできます。

> 自己認知スキル

五感・ボディイメージを高める

15. 音あてゲーム

- **対象** 幼児〜
- **人数** 1人〜
- **時間** 10分
- **準備** 楽器や生活用品で使用時に音が出る物（セロテープ、紙とはさみ、水を入れたペットボトル、ファスナーのある筆箱、包丁とまな板など）

★進め方★

聞くことを意識させるシンプルなゲームです。人の話を傾聴することが苦手な子どもにおこないましょう。ついたてなど、音を出しているところが見えない場所で用意した物の音を出し、何の音か当てるゲームです。

鈴、タンバリン、太鼓といった楽器の他にセロテープを切る音、紙をはさみで切る音、ペットボトルのふたを開け閉めする音、水の入ったペットボトルを振る音、ファスナーの開閉、ゴムをはじく音などは幼児や低学年向けです。本をパタンと閉じる音、シャーペンのノック音、マウスのクリックの音、定規で線をひく音などは高学年や中学生でも頭をひねります。普段にぎやかなグループも、このゲームのときは、シーンと静かに音に耳を傾けます。グループでおこなう場合は、カードにそれぞれが自分の答えを書いて提示し、その後、他の子のヒントを参考に変更してもいいことにするなどして、再度注意深く聴かせてあげてもいいでしょう。

★指導のポイント・コツ★

聴覚に過敏さを持つ子どもたちにおこなう場合、不快な時間とならないように音の種類や大きさは配慮してください。

★応用・発展編★

いくつかおこなった後、子どもに問題を考えてもらい、先生役をやってもらうのも盛り上がります。この場合みんながあてられる音（特徴的な音、ある程度の大きさが出る音、不快でない音）を見つけるように伝えましょう。

自己認知スキル

自分や家族を紹介する・自分を知る

16. 名刺交換ゲーム

- **対象** 幼児～
- **時間** 10～20分（名刺に書く内容による）
- **人数** 2～10人（人数が多い場合は、2グループにわけます）
- **準備** 名刺用シート、絵や文字を書くためのえんぴつ、色えんぴつ、ペンなど

★進め方★

人前で自分のことを話すことが苦手な子どもに向けて、出会いの時期におこないましょう。自分の紹介シート（名刺）をつくります。ペアになり、自己紹介のあと名刺交換をします。このゲームは、2人1組での自己紹介なので、多くの人の前での発表に抵抗のある子にもいいものです。名刺の大きさや書く内容は、指導の時間や発達段階に合わせてアレンジが可能です。幼児だったら名前は指導者が書いておき、自分の好きなマークを書くようにしてもいいですし、小学生だったら好きなあそびや給食などを書いておくと、あとからおしゃべりのきっかけになるでしょう。

「時間内に何枚交換できるかな」「5枚は交換してみよう」といった投げかけや、名刺カードの1枚がパズルの1ピースになっていて、全部の裏を組み合わせると1枚の絵や文字になるといったゲーム意識を持たせる工夫をしておくと、自己紹介自体に興味が持てない子も意欲が高まります。

★指導のポイント・コツ★

交換するときの流れ（「こんにちは○○です」「こんにちは△△です」「名刺を交換してください」「いいですよ」といったやりとり）は、あらかじめ書いておいたり、指導者がやって見せたりして、やり方が定着するよう支援しましょう。

★応用・発展編★

やりとりの練習として、家で電話の取り次ぎを練習してみましょう。「はい、○○です」「どちらさまですか」「母は（兄は）今いません」「少々お待ちください」「もう一度教えてください」「もう少し大きな声でお願いします」など、基本形を決め電話のそばに取り次ぎポイントシートをいつも置いておくといいでしょう。

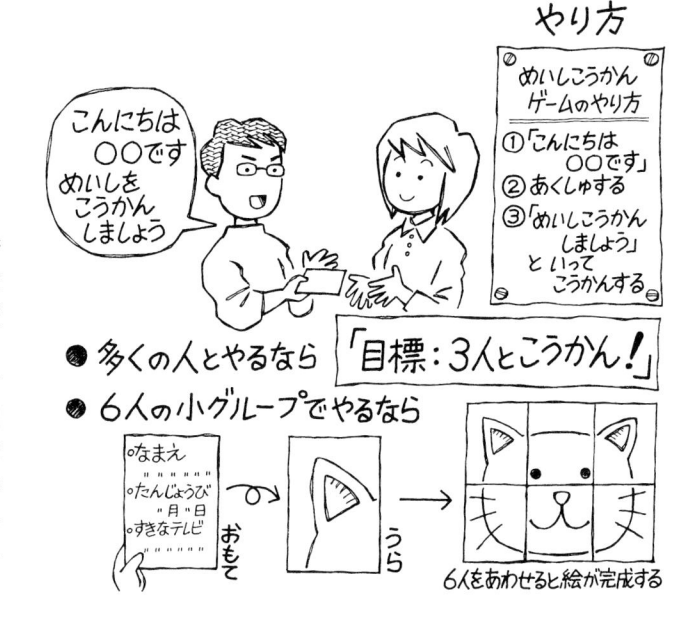

> 自己認知スキル

自分や家族を紹介する・自分を知る

17. ストローじゃんけん

- **対象** 幼児～
- **人数** 4人～
- **時間** 10分
- **準備** ストロー 1人5本×人数分

★進め方★

たくさんの子どもたちとジャンケンをしながら、自己紹介をくり返す活動です。

まず、ストローを5本持ちます。部屋の中を歩きながら、友だちの1人に「はじめまして、○○です。ジャンケンしてください」と言い、相手も同じように言って、ジャンケンをします。

負けた人が勝った人にストローを1本あげます。時間がきたら終了です。

着席をして、ストローの数を数え、1回目は一番多くストローを持っている人が勝ちとします。

次に、一番少ない人が勝ちというルールや、あらかじめラッキー本数があって、その本数の人が勝ちというルールに変えつつ、勝ち負けではなく、たくさんの友だちと自己紹介できたかが大切なことであると伝えます。

手持ちのストローがなくなったら、着席して待つか、ストロースタンドをつくって、そこに行くと2本ストローがもらえ、再挑戦できるというように子どもたちの様子を見てルールを変更してください。

★指導のポイント・コツ★

自己紹介をすることが最大の目的ですので、上記の進め方でも勝負にこだわり、楽しく参加することがむずかしい段階の子どもには、このゲームは適していません。

★応用・発展編★

勝負を完全になくす形で、このゲームをおこなうなら色えんぴつ、色カードを5本ずつ持ってもらい、5本は全部同じ色にします。すべて違う色になるように、自分とは違う色の相手を見つけて、自己紹介後、色えんぴつや色カードの交換をおこなうといったやり方があります。

「みしま せつこです」

| 自己認知スキル | 自分や家族を紹介する・自分を知る |

18. サイン集め

- **対象** 小学校中学年〜
- **時間** 5分
- **人数** 4人〜
- **準備** サインノートまたはサインシート

★進め方★

友だちの名前を覚えることが苦手な子どもにおこなえる出会いのゲームです。

あらかじめサインノート（中学年ぐらいからなら、大学ノートを4分の1のサイズにカットしてもよいでしょう）やサインシートを人数分用意しておき、配ります。名前だけを書いてもいいですし、好きな食べ物やあそびなど自己紹介的な要素を入れてもよいでしょう。学級会などを1時間使っておこなう方法、朝の会に毎日5分間続ける方法、休み時間を利用するなど、進め方はいろいろ考えられます。自分から知らない友だちに声をかけられるように、たとえば、「あずみゆうこです。私のノートにサインしてください」と声かけのフォーマットを決めておきましょう。

★指導のポイント・コツ★

自分から声をかけにくい子どもに対しては、一緒におこなうことのほかに、今日は班のメンバー、今日は同じ縦の列、同じ番地の子などテーマを決めて、誘いやすいようにする工夫も考えられます。

★応用・発展編★

サインノートをおこなってしばらくしたころに、今度は○○くんのいいところを書く、いいところ発見カードとしてつけ加えて書くことをおこなってもよいでしょう。その際、子どもたちが「書くことがみつからない」と言うことのないように、運動が得意、声が大きくて聞きやすい、ものを貸してくれる、給食を残さないなど、多角的な視点で考えられるような「こんなこと素敵だねリスト」をあらかじめ用意しておくとよいでしょう。

「ぼくのシートにサインしてください」

自己認知スキル

自分や家族を紹介する・自分を知る

19. 名前すごろく

対象 幼児〜

時間 10分

人数 6人〜（人数が多い場合は、2グループにわけます）

準備 牛乳パックなどでつくった各面が白紙のサイコロ2個、15マスくらいであがるシンプルなすごろく、コマ（人数分）

★進め方★

友だちの名前に興味関心がなかったり、覚えようと思ってもなかなか記憶できない子どもとおこなってみましょう。

大きめの立方体（牛乳パックでつくるとちょうどよい）を2つ用意し、1つのサイコロの一面ずつにメンバーの名字、もう1つのサイコロの一面ずつに名前を書きます。自分の名前は自分で書くとよいでしょう。長すぎない、シンプルなすごろくを用意して、順番に2つのサイコロをころがしてゴールを目指します。

進め方は名字と名前が合ったときだけ、姓名の文字数分すごろくで進むことができます。たとえば「あずみ」と「ゆうこ」が出れば、実際いる人の名前なので6つ進むことができますが「あずみ」「せつこ」では1つも進めません。違う姓名の組み合わせを読んで、おもしろがりながらくり返す中で、お互いの名前を覚えていきます。

★指導のポイント・コツ★

勝敗が伴うゲームですので、負けにとても過敏な子どもの出会いのゲームとしては適していません。ルールのアレンジや確認、気持ちがコントロールできなくなったときの対応方法などを、子どもの様子を見て考えましょう。

★応用・発展編★

アレンジとして、2人1組のチーム戦にして1人1個ずつサイコロをころがす、というペアゲームにすることもできます。そのとき、自分のチームの名前が出たらその名前や名字の数だけ進めるなどのルールにしてもいいでしょう。

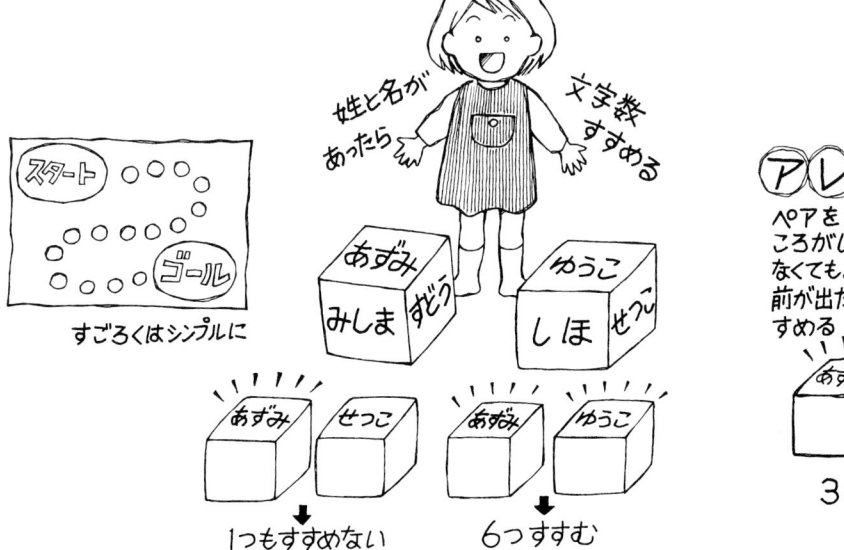

すごろくはシンプルに

姓と名があったら　文字数すすめる

1つもすすめない　6つすすむ

アレンジ
ペアを組んで、1つずつころがし、姓と名があわなくても、自分のチームの名前が出たらその分だけすすめる

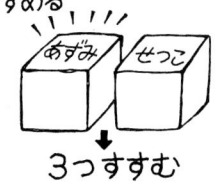

3つすすむ

| 自己認知スキル | 自分や家族を紹介する・自分を知る |

20. 写真神経衰弱・写真ババ抜き

- **対象** 幼児〜
- **人数** 4〜6人
- **時間** 10〜15分（カードの枚数によります）
- **準備** 写真入りカード

★進め方★

友だちの顔と名前が一致するためのゲームです。参加メンバーの顔写真をとり、厚紙や色画用紙にはり、カードをつくります。カードの下にはメンバーの名前を書きます。それぞれ同じカードを2枚ずつまたは4枚ずつ用意し、5人グループなら合計10枚、または20枚のカードを準備します。

このカードを使ってババ抜きや神経衰弱のルールであそびます。ババ抜きをやる場合は指導者のカードなどをババとして入れます。名前を書くと文字ばかりに目がいってしまいそうで顔を覚えないようでしたら、名前は書かないようにします。

子どもの状況に合わせて2セットではむずかしいなら、1セットでおこないましょう。

★指導のポイント・コツ★

これらのゲームは、いずれも勝敗が伴いますので、その点に敏感な子どもに対しては、勝負性をなくす、ルールのアレンジや確認、気持ちがコントロールできなくなったときの対応方法などを考えた上でおこないましょう。

★応用・発展編★

カードの種類を増やして（たとえば、笑った写真のカード、怒った写真のカード、名前だけが書いてあるカードなど）、1セットにするなどの工夫が可能です。

トランプと同じ要領でやります

同じ人のカードをめくったらもらえます

自己認知スキル

自分や家族を紹介する・自分を知る

21. この人は誰でしょう

- **対象** 幼児～
- **人数** 1人～
- **時間** 10分
- **準備** ブラックボックス
  だれでしょうカード10枚ほど

★進め方★

身近な家族に興味関心を持つきっかけをつくるゲームです。初めに、日ごろから家族がやっていることをカードに書いておきます。たとえば、「洗濯物を干す人」「新聞を大きく広げて読んでいる人」「犬の散歩をする人」「ゴミを捨てに行く人」「漫画をずっと読んでいて怒られる人」「ビールをおいしそうに飲む人」など。このカードをはてなボックスに入れて1枚引きます。そして、それをふだんやっている人はだれかを当ててもらいます。

ブラックボックスから引いたカードを読み上げるだけでなく、ジェスチャーを交えながら読み上げる、ジェスチャーだけで問題を出すなど、やり方はいろいろ考えられます。どのやり方にするのかは、対象となる子どもによって決めます。年齢の小さい子が家庭外で複数の子どもたちと一緒にやるとしたら、どの家庭でも共通の問題を用意します。家庭内でやるなら、その家庭ならではの細かい問題、「犬のエサをつくる人」はお母さんで「犬にエサをあげる人」はお姉さんなど、つくってみるとおもしろいでしょう。

★指導のポイント・コツ★

自分が家族の一員としてやっていることが書かれていると子どもはうれしいものです。「お母さんの肩をたたいてくれる人」「一番早く寝る人」などその子の問題を多く用意しましょう。

★応用・発展編★

小学校中学年以降のグループ指導でおこなうやり方として、以下のようなものが考えられます。ゲームをはじめる前にそれぞれに、「お父さん」「お母さん」「お兄ちゃん」「自分」と書いた家族札を用意します。「一番早起きな人」「一番ごはんをよく食べる人」「一番そうじが苦手な人」など、いくつかの例題を示します。答えはその家庭によって違ってくるわけで、それを「あっ、同じ!」「えー、うちとは違うね!」ということを楽しみます。さらに、問題を自分たちでつくって出題し合うのも楽しいものです。ただし内容が脱線しすぎないようにあらかじめ話題にしてはいけないこと、たとえば、残酷なことや汚いことはNGワードと、はっきり決めておくことが大切です。また問題を思いつきにくい子には「テレビのこと」「食べ物のこと」などヒントワードを提示してあげるとよいでしょう。

自己認知スキル

自分や家族を紹介する・自分を知る

22. 家系図づくり

★対象 小学校中学年～
★時間 30分～2時間（書く内容による）
★人数 1人～
★準備 画用紙やスケッチブックや模造紙など、筆記用具、顔写真、その人のデータなど

★進め方★

家族から少し進んだ親族関係を知る、人に興味関心を持つなどをねらった活動です。文字通り家族関係を図に表すものです。その中で「いとこ」ということばを知ったり、視覚的にまとめることで、父方の親戚と母方の親戚があることを知ったり、おばさんが母親の姉なのか、妹なのかがわかりやすくなります。データとして写真を貼ったり、おじいちゃんやおばあちゃんの名前を書いたり、住んでいる場所、仕事や生年月日、呼び方などを書いたりすると、より楽しいものになります。

★指導のポイント・コツ★

せっかくつくるものです。できあがりが見応えのあるものになるように簡単に下書きをしたり、枠を書いてあげたり、文字を書きやすいように線をひいてあげるなど完成度が高く満足感が得られるような準備をしましょう。

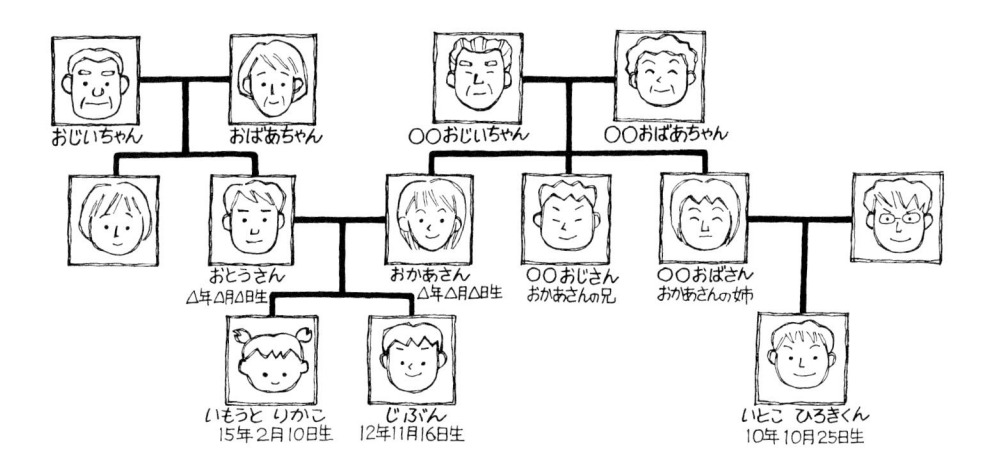

★応用・発展編★

どの範囲の人にどの程度親しげに話しをしたらいいか、といった対人距離がわかりにくい子には「知り合い図」をつくってみましょう。円の中央を自分にして同心円状の図を書きます。一番近い輪（レベル1）は家族、次の輪（レベル2）は近所のおばあちゃん、仲良しのしんちゃんとそのお母さん（レベル3）、クラスの友だちや先生（レベル4）、スーパーの店員さん（レベル5）など。それによって話し方を変える必要性などを具体的なキーワードを記入しながら整理していきます。

自己認知スキル

自分や家族を紹介する・自分を知る

23. どっちが好き？

- 対象　幼児〜
- 人数　1人〜
- 時間　10分
- 準備　物や場面などを示した絵カードや写真

★進め方★

自己理解の第一歩として自分の好きなこと、ものを知る、決める練習のあそびです。2つの相反する物や場面を提示して「どっちが好き？」「どっちが得意？」「どっちになりたい？」と尋ねて、子どもに選んでもらいます。「おせんべいとチョコレート」「かけっこと綱引き」「お絵かきとドッジボール」「冬と夏」「砂場ではだしでいるのとくつをはいているの」「お話しするのとお話を聞くの」「デパートでお客さんに品物を売る人と品物を並べる人」など、その子どもの特徴が見えてくるような問題を、上手に考えましょう。「あなたはこんなことが好きだね、得意だね」と、この段階ではその子が自分で選べたことを褒めてあげましょう。自分には、できることがたくさんある、というプラスイメージをつくっていくことが目的です。

★指導のポイント・コツ★

答えはないこと、自分の観点で決めることが大切だということを伝えましょう。

★応用・発展編★

発展編としてするなら、選択肢を3つ以上にして選んでもらったり、なぜそれを選んだのか理由を言ってもらったりします。また年齢の高い子とするなら適正や性格に近い内容、「お芝居をみんなでつくるなら俳優？　作家？　大道具？　照明？　それはどうして？」「学校で好きな場所は校庭、教室、図書室、体育館のどれですか？　その理由は？」といった内容にもアレンジできます。

選ぶことが絵本になっているものもいくつか出版されています。ご参考まで。

『ねえ　どっちがすき？』
（安江リエ作　福音館書店）
『ねえ、どれがいい？』
（ジョン・バーニンガム作　評論社）
『質問絵本』
（五味太郎作　ブロンズ新社）

自己認知スキル

自分や家族を紹介する・自分を知る

24. ずばりねらいましょう

★対象 幼児～
★時間 10～20分
★人数 4人～
★準備 玉入れに使うくらいの玉3～4個、玉を入れるためのかご（バケツなど）3～4つくらい。

★進め方★

ボールゲームを通して自分の実力の加減を知るというゲームです。スタートラインから距離や方向の違う3～4か所に玉を入れるかごを置きます。玉をどれだけたくさん入れ物に入れられるか、というゲームです。遠くにあるかごほど、入ったときの得点が高くなるようなルールにします。練習タイムを設定し、自分がたとえば本番4回のうち、どのかごに何回挑戦するかを考えます。ゲームに勝つためには高得点のかごを目指すわけですが、場所が遠いため、その分難易度が高いので、練習の過程で、どのかごをねらえば自分が確実に得点できるかを判断するのです。最高得点のかごは、なかなか入りにくい位置に置くといいでしょう。

はじめに、4回の標的かごをすべて決めるやりかたもありますが、毎回、自分の結果を参考にして、標的かごを選ぶようにすると、より自分で作戦をたてる練習になります。くり返すうちに、自分の成功加減を考えて、上手に選択ができるようになっていきます。高得点のかごをねらうことよりも入れる場所の工夫をしたことを評価します。

★指導のポイント・コツ★

かごの距離を比較的遠く離して、ここは絶対確実、ここは確率五分五分、あそこはうまくいけば入るから1回くらい挑戦しよう、あっちは自分の力では絶対無理という位置におくとより自分で工夫できます。

★応用・発展編★

日常生活や学習場面でも今日はこれをやる、ここまでやる、と自分で見通しをもち、予定を決める習慣をつけていきましょう。

「うーん はじめは 10てんでちょうせん！ 2回目は 5てんでしっかり 入れよう!!」

自己認知
スキル

自分や家族を紹介する・自分を知る

25. フィードバック用紙

対象 幼児～小学校低学年　　時間 10分

人数 1人～　　準備 子どもの実態に合わせたフィードバックカード

★進め方★

　自分を振り返るための練習として怒りっぽい子であれば、プンプンしているときの顔とニコニコ笑顔をカードに描いてみます。「怒った顔はどんな顔かな？」と怒り顔を鏡にうつしたり、大人が一緒に怒った顔をしてみながら絵を完成させます。その他にも「うれしくて笑っている顔」や「普通の顔」なども描きます。ゲームやあそびの活動の後「今、どっちの顔だったかな？」と選んでもらったり、活動をビデオにとって自分の表情を確認します。また怒っているときにその場で「プンプン顔から落ち着き顔に変身して」と言ってカードを見せたりして使います。

★指導のポイント・コツ★

　自分の怒っている顔はまずいぞと感じられる子どもとやってみましょう。

★応用・発展編★

　くやしい、かなしい、困った、びっくりした、恥ずかしかったなどのカードを用意し気持ち日記を記録していくのもよいでしょう。

自己認知スキル

自分や家族を紹介する・自分を知る

26. 自己理解シート

- 対象　小学校中学年〜
- 時間　10分
- 人数　1人〜
- 準備　自己理解チェックシート

★進め方★

　自分自身の長所や短所、特性について子どもに意識してもらう機会をつくるためにおこないます。あてはまる、どちらともいえない、あてはまらない、といった三択形式で①おこりっぽいほうだ、②人を笑わせるのがうまい、嫌なときに文句を言ってしまう、大きな声で話ができる、これを言ったら友だちが嫌な気持ちになるか考えて話ができる、約束を守れる、などに答えるリストをつくります。

　このとき、対象となる子どものターゲット行動と、その子どものいい部分の両方を含めたリストをつくるよう注意します。ターゲット行動ばかりのリストにしてしまうと、子どもに客観的判断ができたとき、マイナス評価ばかりがつくことになってしまうからです。

　また、このなかから自分のいいところを3つ選びましょう、自分がこれからがんばるといいことを3つ選びましょう。といった形式で、複数の項目から自分の長所、短所も選んでもらいます。実際にやってみると、小学1年生でも自分なりにいいところや、がんばるところが選べるものです。その際「そうだね、ここがあなたのいいところだね、ここがこれからチャレンジするところだね」と思いを受け止めてあげたいものです。

★指導のポイント・コツ★

　学期ごとの目標を決めるときにクラス全体でおこなうこともできます。全体でおこなった後、個人的に話し合いができるとよいでしょう。

★応用・発展編★

　いいところ、チャレンジするところを見つけられたら、チャレンジすることは何で、具体的にどんなことをすればそこを変えられるのかを一緒に考えていきます。

じぶんをしろう！

1　じぶんはどれ？マルをつけましょう。
　①おこりっぽいほうだ
　　・あてはまる ・どちらともいえない ・あてはまらない
　②人を笑わせるのがうまい
　　・あてはまる ・どちらともいえない ・あてはまらない
　③いやなときにもんくをいってしまう
　　　　　　︙

2　しかくの中からじぶんにあてはまるいいところを3つえらびましょう。

　・げんき ・おもしろい ・字がきれい
　・からだがじょうぶ ・小さい子にしんせつ

● 自己認知スキル目的別索引リスト ●

アイデア	適応対象 幼児・低学年	適応対象 中学年	適応対象 高学年	適応対象 中学生	時間	人数	メインスキル	サブスキル	初期	中期	後期

■1-1　五感・ボディイメージを高める（1〜15）

アイデア	幼児・低学年	中学年	高学年	中学生	時間	人数	メインスキル	サブスキル	初期	中期	後期
1. ブラックボックス	◎	◎	△	△	5〜10分	1人〜	1	9,10,18	○	○	○
2. スローモーションゲーム/そーっとゲーム	◎	○	−	−	10分	1人〜	1	8	○	○	○
3. 前後左右ジャンプ	◎	○	−	−	5分	1人〜	1	8	○	○	○
4. タッチングゲーム	◎	◎	△	△	5〜10分	1人〜	1	8,14	○	○	○
5. 何歩でいける？	◎	◎	−	−	5分	1人〜	1	8	○	○	○
6. ノータッチゲーム	◎	◎	−	−	10分	1人〜	1	8,14	○	○	○
7. どっちが重い？(重さ比べ)	○	◎	△	△	10分	1人〜	1	なし	○	○	○
8. 力の強さを見てみよう	○	◎	○	○	10分	1人〜	1	なし	○	○	○
9. お風呂ごっこ	◎	○	−	−	5分	1人〜	1	8	○	○	○
10. 忍者の修行	◎	◎	○	○	20分	4人〜	1	8	○	○	○
11. アクションすごろく	◎	◎	○	△	10分	4人〜	1	26,28,29	○	○	○
12. まねっこゲーム	◎	◎	−	−	5〜10分	1人〜	1	8	○	○	○
13. チェンジゲーム	◎	◎	○	○	10分	1人〜	1	6	○	○	○
14. 変身ゲーム	◎	◎	○	△	10分	2人〜	1	6	○	○	○
15. 音あてゲーム	◎	◎	○	○	10分	1人〜	1	6	○	○	○

■1-2　自分や家族を紹介する、自分を知る（16〜26）

アイデア	幼児・低学年	中学年	高学年	中学生	時間	人数	メインスキル	サブスキル	初期	中期	後期
16. 名刺交換ゲーム	○	◎	○	△	10〜20分	2〜10人	2	11,21	○		
17. ストローじゃんけん	○	◎	◎	○	10分	4人〜	2	21,27,28	○		
18. サイン集め	−	◎	◎	△	5分	4人〜	2	11,21	○		
19. 名前すごろく	○	◎	○	−	10分	6人〜	2	26,28,29	○		
20. 写真神経衰弱・写真ババ抜き	◎	◎	○	△	10〜15分	4〜6人	2	26,28	○		
21. この人は誰でしょう	◎	◎	○	△	10分	1人〜	3	18		○	○
22. 家系図づくり	−	○	◎	△	30分〜2時間	1人〜	3	なし		○	○
23. どっちが好き？	◎	◎	○	○	10分	1人〜	4	17		○	○
24. ずばりねらいましょう	◎	◎	◎	△	10〜20分	4人〜	4	1		○	○
25. フィードバック用紙	◎	◎	−	−	10分	1人〜	5	13		○	○
26. 自己理解シート	−	◎	◎	△	10分	1人〜	5	42		○	○

＊適応対象：最適な時期◎、適している時期○、アレンジすれば適している時期△
＊時間：説明も含めた実施時間
＊人数：実施可能な人数、1人は指導者と個別におこなえます。
＊メインスキル、サブスキル：各アイデアでねらっているスキルです。第1部のソーシャルスキルチェックリスト（21頁）の番号に対応しています。
＊実施時期：どの時期におこなうのがより効果的かを示しています。
・初期→年度の初めや、グループができたばかりの時期に適しています。
・中期→グループに仲間意識が育ちはじめたころに適しています。
・後期→仲間意識が深まり、葛藤場面を解決できる段階に適しています。

コミュニケーションスキル

コミュニケーション態度を育てる

27. 聞き取り伝承ゲーム

- **対象** 幼児～
- **人数** 1人～
- **時間** 5分
- **準備** 特にはありませんが絵カードを用意してもよいです

★進め方★

相手の話に傾聴することが苦手な子どもが楽しみながら「聞くこと」を意識するゲームです。

■「**おちたおちた**」：大人が前に出て「おーちたおちた」と言い、子どもたちが「なーにがおちた？」とリズムよく答えます。すぐに「リンゴが落ちた」と大人が言ったら木から落ちてきたリンゴを口に入れる動作を子どもがします。その他に「かみなりがおちた」ならおへそを隠す動作、「げんこつがおちた」なら頭を防ぐ動作をテンポよくおこないます。

■「**大きな風船**」：大人が手を大きく広げて「大きな風船」と言ったら子どもは「小さな風船」と手をすぼめて小さな風船をつくりながら言います。他に「長い－短い」「軽い－重い」「柔らかい－堅い」などが考えられます。ジェスチャーを交えて楽しくおこないましょう。

■「**王様が言いました**」：「王様が言いました。右手を挙げて」「王様が言いました。立って」と言うようにことばのはじめに「王様が言いました」がついている命令には従い、「すわって」といっただけでは従わないというルールです。つられないよう傾聴する必要があります。

★指導のポイント・コツ★

イメージしやすいように絵カードでリンゴや、かみなり、げんこつを書いてもよいでしょう。大きな風船では反対語がわかっているか確認してからはじめます。

★応用・発展編★

大人役を順番に子どもにしてもらってもいいでしょう。また言っていることと動作をあえて反対にすると動きに惑わされて答えるのがむずかしくなります。たとえば、手を小さくして「大きな風船」と言われたら手を同じく小さくして「小さな風船」と答えなければいけません。これはかなりむずかしいです。また、徐々にスピードを早めたり、あえてゆっくり言ってテンポをあわせることを意識させることもよいでしょう。

コミュニケーションスキル

コミュニケーション態度を育てる

28. かっこいい聞き方

- 対象　幼児〜
- 人数　1人〜
- 時間　支援
- 準備　5つのポイント表

★進め方★

かっこいい聞き方として、以下のようなポイントをあらかじめ話しておきます。

（1）口はチャック
（2）目・おへそ・耳をむける
（3）手はひざ
（4）足はゆか
（5）聞きたいことは、お話が終わってから

これらのポイントは、年齢によってわかりやすく示すことが大切です。幼児期、低学年の間はポイントを少なくして、しばらくは（1）（2）のみの提示でもよいでしょう。

また、小学校中学年くらいからは、
（1）「口を閉じて聞く」
（2）の「おへそ」を「心」に
（2）を「姿勢を正して」など、ことばを変えてわかりやすく示す工夫や、「聴く」というむずかしい漢字を教えて、その中に「耳」「目」「心」が隠れていて、それを全部「たして（＋）」聞く姿勢ができるのだと伝えることも、子どもたちは少し大人になったように感じて効果があります。

年齢に応じて、むずかしすぎず、幼すぎず、「傾聴の大切さ」を意識させてください。

★指導のポイント・コツ★

子どもたちが少しでもこのポイントにあった態度を示したら、すかさず褒めてください。「みんなの目がちゃんと先生のほうを向いていて、かっこいいな！」「聞きたいことがあったのに、質問は？　って言うまでちゃんと待てていたね。えらいね！」など、かっこよく聞けている自分像をつくってあげてください。

★応用・発展編★

家庭でも同じです。子どもが顔を向けて聞こうとする態度を示したとき、すかさず笑顔で「ママ、話しやすいよ！」と伝えてあげてください。また、子どもが話しはじめたらきちんと向き合って聞いてあげてください。

コミュニケーションスキル

コミュニケーション態度を育てる

29. フリーズ！

対象 幼児～
人数 1人～
時間 30秒～1分
準備 フリーズカード

★進め方★

行動を切り替えることと、そのときに止まっていられる姿勢の保持の練習です。

「フリーズ」と書かれたカードを用意します。事前に子どもたちには、何をしていても、この「フリーズ」と書かれたカードが出て、先生が「フリーズ」と言ったら「終わり」と言われるまで、やっていることをやめて、その場で、その姿勢を30秒（1分）止めます。

60分から90分の指導の中で2、3回おこなうとよいでしょう。

★指導のポイント・コツ★

「フリーズ」を出すタイミングは指導者の判断でいいですが、子どもたちが興奮しておさまらなくなったときにも有効です。そして、指導者も止まっている姿を見せると子どもたちも一生懸命挑戦します。

★応用・発展編★

発展段階として、「フリーズ」と言うことばをなくし、「フリーズカード」を掲げただけでも、行動を制止させることができるようになります。

> コミュニケーション
> スキル

コミュニケーション態度を育てる

30. ゴロゴロ・ピカピカ・ドカン！

- **対象** 幼児〜
- **人数** 4〜6人
- **時間** 10分
- **準備** ボール（2個の場合は色が違うほうがよい）、人数より1つ少ないイス

★進め方★

ボールあそびの1つです。人とタイミングを合わせられなかったり、切りかえの苦手な子どもに有効な楽しい課題です。リズムよくボールを隣の子どもに渡したり、音が変わった瞬間にボールを回す方向を変えなくてはなりません。

■ボール1個の場合

人数より1つ少ないイスを丸く並べ、向かい合って座ります。ボールを、丸い輪の中の一人の子どものひざの上に置きます。雷役の人が、みんなに背を向けて目をつぶり、「ゴロゴロゴロゴロ…」と言います。「ゴロゴロ…」が聞こえている間、座っている子どもたちはボールを一方向に回し続けます。落としたらアウトです。鬼が「ドカン！」と言ったら、ボールを止め、そのときにボールを持っていた人が次の鬼になります。それをくり返します。

バージョンアップ（1）：「ゴロゴロ…」ではじめ、途中「ピカピカ…」に変わったら、ボールを反対に回しはじめます。「ドカン！」で終わり。

バージョンアップ（2）：鬼が「ザーザー…」と言いはじめたら、雨宿りのイメージで、その場で動きを止めます。そして「ゴロゴロ……」で再開。

■ボール2個の場合

1個と同じルールですが、「ドカン！」のあとに「青！」「赤！」とボールの色を指定し、その色を持っている人が鬼になります。

指示者である鬼役が子どもにとってむずかしい場合は、先生がその役をやってもいいでしょう。

★指導のポイント・コツ★

たのしい課題ですが、「ドカン！」がいつくるかわからないので、緊張したり興奮したりしてボールを投げてしまう子どもや、鬼になりたくてボールを持ち続けてしまう子どももいます。逸脱行動を注意してばかりいると、楽しみが減ってしまいます。そのときは、まだこの課題を楽しめないのだと判断し課題を変えることも必要です。

★応用・発展編★

上手にできるようになったら、「ゴロゴロ」「ピカピカ」のリズムを変え、「ゴーーロゴーーロ」ではゆっくり、「ゴロゴロ（早口）」では早くボールをまわすようにしても楽しめます。

> コミュニケーション
> スキル

コミュニケーション態度を育てる

31. はいポーズ！

- 対象　幼児〜小学校高学年
- 時間　5分
- 人数　2人〜
- 準備　ポーズの絵カード・伝え方の表

★進め方★

　友だちの様子、表情、動きに注目することが苦手な子どもがいます。最終的には表情をきちんと見て、その表情から他者の気持ちを読み取る力がつけばいいですが、この課題でまず友だちに注目することを学びましょう。

　子ども2人は対面して立ちます。1人の子どもが「ポーズカード」を持ち、その絵に描かれた通りに「手は前で腕組みをする」「右足を横に上げて立つ」「顔は舌をベーッと出す」などの指示を出します。もう1人の子どもが、指示を聞いて、そのとおりにポーズをします。

　最後にポーズの絵カードで確認して終わります。交互におこないます。複数名の場合は、指示を出す役1人に対して、3人くらいまでポーズ役をします。

　最初の間、指示者は先生でもいいです。

★指導のポイント・コツ★

　指示を出す子どもが、絵を見るだけでは、きちんと正確に伝えることができない場合があります。そのときは、伝え方の表を用いて、体のどこの部分をどのように伝えると相手にわかりやすいかを示した「伝え方の表」を見ながら指示を出してもいいことにします。

たくさん用意する

つたえかた
① 手は…
② あしは…
③ かおは…

・うでをくんで
・みぎあしをはんぶんあげて
・ひだりあしはあげないで
・べーってする

★応用・発展編★

　数名の場合は、「ポーズ伝言」として、指示者が最初の子どもに指示を出します。そのポーズをジェスチャーで次の友だちに伝えます。2〜3人伝えて、最後の友だちが、どのようなポーズになっているか確認します。

コミュニケーションスキル

コミュニケーション態度を育てる

32. はやくち、ゆっくり聞き取りゲーム

- **対象** 幼児〜
- **時間** 10分（説明も含めて）
- **人数** 4人〜（集団の中で聞き取る練習としておこなう場合）
- **準備** お題カード・速さカード

★進め方★

聞き取ることが苦手な子どもたちには通常の場面では「ゆっくり丁寧にその子どもに向かって」話す支援をしています。このゲームでは、話し方を変え、特にゆっくり、早口のいずれでも聞き取れるようになることを目標にします。

大人が単語や単文を、とってもゆっくり、または早口で言います。

発表題目はあらかじめ決めておきます。たとえば「朝ごはん」「お誕生日にほしいもの」「好きなあそび」「休み時間にやっていること」などをカードにして用意します。そして、「ゆっくり」「早口」カードを用意し、その2つを引き、合わせて「朝ごはんをゆっくり」で発表することになります。発表者は「わたしが〜朝〜食べて〜きたものは〜パンと〜…」、あるいは早口が当たった場合は「お誕生日にほしいものは…」など、集中して聞き取っていると答えはわかりますし、おもしろいことが答えになっていると楽しんでおこなえます。

上手に聴き取れるようになったら、子どもたちが話す係りになって、順番にやってもらってもいいです。

★指導のポイント・コツ★

速さを意識させる工夫として、時計の秒針を使い、ゆっくり話のときは30秒、早口話のときは5秒など、その時間内で話し終えるようにすると良いでしょう。

子どもが話す係になったときは、話す原稿を用意させ、時間を意識して練習してからはじめると失敗がありません。

お誕生日にほしいもの、
お〜は〜な〜

これから先生が今朝食べてきたものをゆっくりいいますから最後まで聞いてあててくださいネ

ラ〜メ〜ン

他にも…
お家なら
○今日のおやつ
○お休みの日に行くところ
学校なら
○給食のデザート
○○○先生のすきなテレビ
などなど聞き取って楽しいものを工夫してみます

★応用・発展編★

上級編としては、ささやき声、さらには口パク、つまり音は出さず口の形だけで何を言っているのか当てるやり方もあります。複数の人が一度に違うことばをいったのを当てる、「ステレオゲーム」ではまだむずかしい子どもたちでも、楽しみながら傾聴の練習ができます。

コミュニケーションスキル

コミュニケーション態度を育てる

33. 音・文字数えゲーム

- **対象** 幼児〜
- **人数** 4人〜（集団の中で聞き取る練習としておこなう場合）
- **時間** 10分（説明も含めて）
- **準備** キーワードのある文章、やり方

★進め方★

大人が話している中で、あるキーワードを傾聴するゲームです。たとえば、「これから動物のさるということばをたくさん言いますから、何回言ったか数えてください」と説明し、「ぼくは、昨日さるがたくさん出てくる夢を見ました。木に登っているさる、バナナを食べているさる、眠っているさる、さる、さる、さるだらけでした」と同じことばが複数出てくる文を読みあげます。子どもたちには「さる」が出てきた回数を数えてもらいます。事前に文章を紙に書き出しておくと、それを見せると答え合わせがしやすくなります。

いつ、どこで、だれが、何をどうした、といった聞き取りのポイントを意識する前の、聞き取り基本編のゲームと考えてください。聞きながら、指を折って数えていいことも伝えてあげます。子どもたちの様子を見て、必要があればもう一度読みます。

★指導のポイント・コツ★

途中で聞きとれなくなってしまった子どもが、「わからない」「何なに？」「もう一回」などと言ってしまい流れを止めてしまうことがあります。はじめる前に、「2度お話をします。途中でわからなくなっても最後まで黙って聞きます」と約束をしておくと良いでしょう。

★応用・発展編★

発展編として、キーワード以外のことばが前後についていたり、ことばの音が変化していても、1つとして数えるようにします。先ほどの「さる」の文でしたら、「さるしばい」とか「てながざる」、といったことばも含めるということです。

また「たちさりました」「ざるにバナナを入れました」と音が似ていても求められている動物の「さる」とは違うことばを入れたりすると、高学年でも傾聴して聞き取ろうとします。

ぼくは昨日さるがたくさん出てくる夢を見ました。木にのぼっているさる、バナナを食べているさる…

1, 2, 3 ……

他にも「かき氷」をキーワードにして

今日はとても暑かったので、わたしはかき氷が食べたくなりました。
「あー、かき氷食べたいな。いちご味のかき氷もいいし、メロンかき氷もいいな」とつぶやいていると、お姉ちゃんがコップに氷をいっぱい入れて持ってきました。
「これでかき氷つくろう！」というのです。
「やったー。かき氷が食べれるぞ」

コミュニケーションスキル

コミュニケーション態度を育てる

34. ステレオゲーム

- **対象** 幼児〜
- **人数** 4人〜
- **時間** 10分
- **準備** 絵カードか単語カード、声のバロメーター表

★進め方★

　32、33の聞き取りで聞き取る力がついた子どもたちへの課題です。妨害刺激のある中でも聞きとることができるようになる練習です。

　子どもが4人の場合は、2人ずつペアになって、ペアの1人が前に立ちます。前に立った友だちはカードを引き、そのカードに書かれていることばを他の子と一緒に「いっせーのせ」で、同時に言います。それぞれのペアの1人が、口の形も参考にして聞き分けます。上手に聞き分けるには、しっかり話し手を見ることが大切だと気づく子どもも出てきます。

　カードに書かれていることばは「やかん」「みかん」など1〜2文字が重なっている単語を使います。4人以上の場合は、子どもの聞き取りのレベルに合わせて、ペア数を増やし、前に立つ人の人数を増やすか、グループにして、前に立つ人は2人にとどめるか、工夫してください。

★指導のポイント・コツ★

　前に立ってリズムを合わせて、ちょうどいい声でことばを言うこともむずかしいです。はじめは大人2人のことばを聞くことからはじめてもいいでしょう。リズムがずれてしまうと、ステレオ効果がなくなってしまいます。前に立つ子どもは、廊下で2、3度練習してからはじめると良いでしょう。

★応用・発展編★

　3文字に慣れてきたら、「大きなさかな」「小さなかさ」など二語文に挑戦してもおもしろいです。

ききとるポイント
① しずかにきく
② 口のひらき方をみる

幼児は絵カード
児童は文字カード

コミュニケーションスキル

コミュニケーション態度を育てる

35. ○×ゲーム

対象 幼児〜

時間 10分（説明も含めて）

人数 4人〜（集団の中で聞き取る練習としておこなう場合）

準備 ○、×、（?）の提示カード

★進め方★

友だちの発言や発表を傾聴することを意識するためのゲームです。自己紹介でも、お休みの日のことでも、家族のことでも、何かのテーマで友だちが発表をした内容に関して、後で○×クイズを出します。たとえば、A君が「ぼくの家族はお父さんとお母さんと妹と僕の4人家族です」と発表した後に、「A君はお父さん、お母さん、A君、お姉ちゃんの4人家族である。○か×か」と問題を出し、聞いていた子どもたちが○×カードのどちらかを出します。正解は、発表をしたA君にどちらかのカードを提示してもらう形で進めると、子ども同士で楽しめますし、発表したがる子が増えます。問題の難易度は、年齢によって適宜変えます。

また、「?カード」も用意しておき、話していないので答えがわからない場合、たとえば今の問題なら「A君の妹は小学1年生である」などの問題に対しては「?カード」を出した人が正解です。その後にA君に「何年生なの？」と聞いてみましょう。

★指導のポイント・コツ★

問題を出す役を子どもたちに任せることも発展課題としてはおもしろいですが、凝りすぎてしまい混乱することがよくあります。問題は大人が子どもたちの様子を見て出すようにするとよいでしょう。

★応用・発展編★

これは通常の授業の中でも使えます。たとえば社会の授業のまとめとして「今日勉強した時代は、鎌倉時代である、○か×か」と、いうふうに使ってみて下さい。問題にする内容に関して説明しているときにも「今日のポイントはここだな〜」とキーワードで意識させ、少なくとも「ここだけはしっかり聞いて覚えておこう！」と強調しましょう。

コミュニケーションスキル

コミュニケーション態度を育てる

36. 聞き取りクイズ

- **対象** 小学校中学年～
- **時間** 10分
- **人数** 1人～
- **準備** キーワードのある文章・問いが書かれているシート

★進め方★

いくつかの楽しい聞き取り課題を経て、いよいよ長い文章を聞き取る課題に挑戦です。

特に、どこに注目して聞くのが良いかを意識させることがポイントです。聞き取りがむずかしい子どもの場合、話し手が話しはじめたらその人に注意を向け、聞くことが困難な場合もありますが、そのような傾聴の態度はできているにもかかわらず、話を聞いているうちに、その中に出てきた単語にこだわってしまったり、少し聞き落とすとそれ以降聞けなくなってしまったり、内容の大切なポイントがずれてしまって、あまり大切ではないことを覚えていて、必要なことを忘れてしまっていたり、などということがあります。

このゲームでは、話をはじめる前に、話が終わってから尋ねられる問いを伝えておき、どこに注目して聞けばよいかを練習します。

★指導のポイント・コツ★

聞き取りながら問題シートに答えを書いていきますが、書くことが苦手な子どもの場合、選択肢を用意しておき、○をつけながら進められるようにしてあげてください。

★応用・発展編★

上手に聞き取れるようになったら、あらかじめ伝えておく問いの数を減らし、聞き終わってから質問をする課題も加えてみましょう。

> たくやくんは昨日の日曜日にお父さんと弟と山花スーパーに買い物に行きました。………

> ① だれが買い物に行きましたか
> （　　　　　　）
> ② いつ行きましたか
> （　　　　　　）
> ③ どこへ行きましたか
> （　　　　　　）
> ④ 何を買ってくるようにたのまれましたか

> えっとー　たくやくんとお父さんと…

第2部

コミュニケーション
スキル

コミュニケーション態度を育てる

37. 約束カード

対象 幼児〜
時間 5分
人数 1人〜
準備 約束カード

★進め方★

　自分の行動をコントロールできない子どもを支援する場合、考えなくてはならないことは、まず（1）困ったことや嫌なことがあったときに、物を投げたり、ぶったりするのではなく、ことばで伝えることが大切である、ということを理解させることです。最初は「先生……」と指示者を呼びとめるだけでも、「SOS」と言うだけでもいいのです。内容を伝えることまでは求めません。次に、（2）その子どもが何を望んでいるのか共感し言語化して、その上で3つの選択肢を示し、1つを選ばせます。どれも嫌だと言うのであれば、活動は一切中止でもよいです。たいてい、1つは選んでくれます。

　子どもが落ち着いて普段の行動をしているときに、約束カードを見せ、説明をしておきます。
（1）困ったり、嫌なことがあったときは、「SOS」「いやだ」と口で言おう
（2）手や足では伝えない
（3）3つの中から、1つ選ぼう　など対象の子どもが理解しやすいように書いておきます。

　たとえば、工作を途中でやめなくてはならなくなったときに、切りかえられず、工作を続けようとしてしまう子どもであれば、続けているその子のそばに行って「上手だね。もっとやりたいよね……」と声をかけます。「でも、残念、時間です。これからどうすればいいか、3つの中から選んでね。1、すばやく片づけて次の休み時間に続きをする。2、最後に一つだけ切ったら（貼ったら）終わる。片づけは先生が手伝います。3、先生がこのまま預かるから、すばやく算数の準備をする」

　子どもが大騒ぎをしたり、かたくなに工作を続けたりせず、2つ目を選ぶことができたら、すかさず「ちゃんとお口で言えた、えらいね。先生との約束が守れたね」と「約束カード」を見せて大いにほめてあげてください。

★指導のポイント・コツ★

　約束カードの内容はその子どもに合っていても、そのままを見せられると嫌な気持ちになる子どももいます。象徴的なことばが理解でき、そのことばから約束の内容が連想できる子どもであれば、（1）をキラキラのやくそく、（2）を宝石のやくそくなど、にして、その絵を見せながら約束の確認をしてみても良いでしょう。実際の幼稚園でおこなっていた配慮です。

★応用・発展編★

　家庭でも約束カードを使ってみましょう。一度にする約束は3つまでとし、内容を具体的に伝え、子どもが成功体験を増やせるようにしてあげてください。

```
=やくそく=
①SOS
②✋🦶
③3つから
　すきなの1つ
```

コミュニケーション
スキル

会話を続ける・やりとりの流暢さ

38. 伝達ゲーム

⭐対象　幼児〜
⭐時間　10分
⭐人数　2人〜
⭐準備　3×3のマトリックス用紙・ブロック・見本の図形

★進め方★

　一人の子だけがある課題を見て、その情報を見えていない相手の子に、ことばで正確に伝えるゲームです。はじめは、大人と子どもの2人1組になっておこないます。慣れてきたら、子ども同士にしてもいいでしょう。

　課題は、小さな子なら3×3のマトリックス表に1か所だけシールが貼ってあるのを見た子が、シールの貼ってないシートを持っている子に、正しい位置を伝えるやり方があります。他にはブロックの形を見た子がつみ上げ方を伝え、見ていない子がそれを聞きながら同じになるように完成させるものなどがあります。複数のチームでやるときには得点の基準を決めておいて勝敗をつけることもできます。

★指導のポイント・コツ★

　どれも伝える側がわかりやすく伝えることはもちろんですが、聞く側がわからなかったときに「もう一度言ってください」とか「どういう意味かよくわからないから、もう少し詳しく言ってください」と意思表示をすることや、「これでいいかな」と確認をとることが大切です。

★応用・発展編★

　3×3のマトリックス表に貼るシールの数を増やしたり、ブロックもつみ上げだけではなく、横に並べたり、空間をつくってつみ上げたりとむずかしくしてもおもしろいです。

コミュニケーションスキル

会話を続ける・やりとりの流暢さ

39. 会話のピラミッド

- **対象** 小学校中学年〜
- **人数** 2人〜
- **時間** 5〜10分
- **準備** つみ木または入れ子状のカップなど積み上げられるもの10個程度。今日のテーマカードやあいづちカードなどは対象の子によって準備

★進め方★

自分の興味関心のあることばかりを一方的に話す子どもに、同じ話題に向かってやりとりを続けることを意識させる活動です。まず、今日のテーマを用意します。「学校の給食のメニューについて」「習い事のいいところ悪いところ」「ディズニーランドについて」「ポケモンの魅力」など話し合いに参加する子ども全員が知っているテーマから1つ選びます。大人が決めても、子どもたちで相談して決めてもよいでしょう。テーマが決まったらルールの説明をします。「これからみんなは、このテーマに関係することだけを順番に話してください。ただし前の人が話したことばに必ず『あいづち』を入れてください。『あいづち』とは前のひとの話をしっかり受けとめたよ、というしるしです」と伝え、あいづちことばがわからないようなら「ぼくも同じだよ」「やっぱりね」「(へえ)そうなんだ」「ぼくはちょっと違うよ」「なるほどね、ところでさあ…」といったあいづちカードを用意して参考にできるようにします。テーマに合った話しができればつみ木を積んでいきます。はじめは人数分のつみ木を用意し、その回数だけ話が続けられれば成功、徐々に2周、3周とつみ木の数を増やしていきます。

★指導のポイント・コツ★

テーマにあった話題かどうか判定する審判を置き、話がそれているようならイエローカードを出すなど意識させます。審判役は最初は大人がよいでしょう。違う話をしたらアウトとルールを明確にするかどうかは参加している子どもの状態に合わせておこないましょう。

★応用・発展編★

お家での一日の報告タイムに使うこともできます。共通の話題がむずかしかったら「楽しかったこと」「嫌だったこと」というくくりにしてもいいでしょうし、テーマは定めず、「今日のことをつみ木を積みながらお話ししよう」として、一日あったことを家族みんなで伝え合うようにしてもいいでしょう。

テーマ:「給食のメニューについて」

ぼくがすきなのはきなこあげぱんだよ

あいづちカード
「ぼくも同じだよ」
「ぼくは少しちがうよ」

ふつうのつみきでもいいですがいれこ状のカップをつみかさねていくと完成形がはっきりします

コミュニケーションスキル

会話を続ける・やりとりの流暢さ

40. えんぴつ対談ゲーム

- 対象　小学校高学年〜
- 時間　10分
- 人数　2人
- 準備　紙・えん筆

★進め方★

やりとりを続ける練習として「今日の給食」など、テーマを決め、A君が聞き手、B君が答え手として書いていく、「えん筆対談」をすることができます。

　A「今日の給食は、何だった？」
　B「カレーライスとレーズンサラダと牛乳、バナナ」
　A「えーいいじゃん。カレー好きだろ？」
　B「うん、だけどレーズンが嫌いなんだ」
　A「へーおいしいのに。どうして？」
　B「甘酸っぱいのがいやなんだ」
　A「ふーん。俺は牛乳がきらいなんだ。きみは？」
　B「牛乳はだいじょうぶ」
　………時間まで続けます。

テーマを変え、役割を変えて、2回目をおこないます。

★指導のポイント・コツ★

自分のことは言えても相手にたずねることができない子に、聞き手係に徹してもらうことで、やりとりの練習になるのです。書くことが苦手な子は筆談ではなく会話にして、それぞれ聞き手、答え手の札を下げて、マイクのやりとりをすると役割がわかりやすいです。時間を決め、やりとりの回数を数え、どれだけやりとりが続いたか、記録に挑戦してみるのもいいでしょう。

★応用・発展編★

一つのことに反対派と賛成派にわかれて理由を言い合う（書き合う）「でもでもゲーム」は、理由を言い合うことをゲーム化したものです。回数を決めてもいいですし、反対意見が出なくなったら降参としてもいいでしょう。たとえば「夏はアイスがおいしいね」に対して反対と賛成の理由をお互い言い合う（書き合う）のです。自分の考えを相手に押し付けるタイプの子に、あえて自分とは反対の立場になってもらうのもいい経験になりますし、相手の意見を聞かないと反論できないので、やりとりの練習になります。いずれも楽しみながら進めたいものです。

> コミュニケーション
> スキル

会話を続ける・やりとりの流暢さ

41. ラッキーコインゲーム

- **対象** 小学校低学年〜
- **人数** 4人〜
- **時間** 20分
- **準備** アイマスク、コインとしての直径10センチくらいの円形の紙、10枚くらい（市販紙製コースターなどが使えます）

★進め方★

目隠しして誘導するゲームです。

誘導係とウォーキング係にわかれます。ウォーキング係はスタート地点で目隠しをします。部屋に10枚程度コインを散らばして置きます。誘導係は、前後左右○歩とコインの場所を案内します。ウォーキング係は誘導係の指示を聞いて、コインを踏めたら10ポイント得点できます。

子どもの様子を見て、制限時間（3分程度）を決め、時間内にいくつコインを踏めるかを競います。

★指導のポイント・コツ★

ゲーム開始前に大股一歩と小股一歩の大きさなどを、確認してからはじめるとよいでしょう。また、からだが少し斜めに傾いたときにどう伝えるかなども考えておき、自信を持って案内できるように練習しておきましょう。

★応用・発展編★

このゲームは、はじめ「地雷避け」ゲームでしたが、踏んでしまうことが恐怖に結びついてしまった子どもがいたため、踏むことがOKのルールに変え、ネーミングも変えました。やり方やタイトルで子どもがやる気を失ってしまう場合は、思い切って変える発想の転換で楽しめるようになります。

コミュニケーションスキル

会話を続ける・やりとりの流暢さ

42. 教える福笑い

- **対象** 幼児〜
- **人数** 2人〜
- **時間** 20分
- **準備** 福笑いセット（顔はキルティング布でできたもの、目、鼻、口、耳、まゆのパーツはフェルト布でつくり、裏にマグネットテープをつけておく）

★進め方★

41のラッキーコインゲームと同じ「相手がわかるように指示を出す」「指示を聞いて体を動かす」要素の入ったあそびです。

2人1組になります。1人が目隠しをして、もう1人が指示を出します。目隠しをした子どもが顔のパーツを正しく置けるように、ペアの子どもが「右」「左上」「下」などと指示を出す協力「福笑いゲーム」です。

顔のパーツを渡す子どもが「これは鼻です」と言って渡し、目隠しをして受け取った子どもが、手探りで福笑いの顔の上に鼻を置きます。それを見たパーツ係の子どもが「もっと、右」「ちょっとだけ上」と指示を出し、次に目や口、耳と続きます。パーツはやや厚みがあるので、すでに置いたパーツを触って、それを手がかりに新たなパーツの場所を探していく方法もあります。

★指導のポイント・コツ★

指示を出す子どもが、自分の思いと少しでも違っていると何度も納得がいくまで指示しようとすることもありますので、指示は3回までとあらかじめ決めておくことも必要です。

出来上がったときに変な顔になっていたとしても、それが福笑いだよ！　と最初に伝えておきましょう。

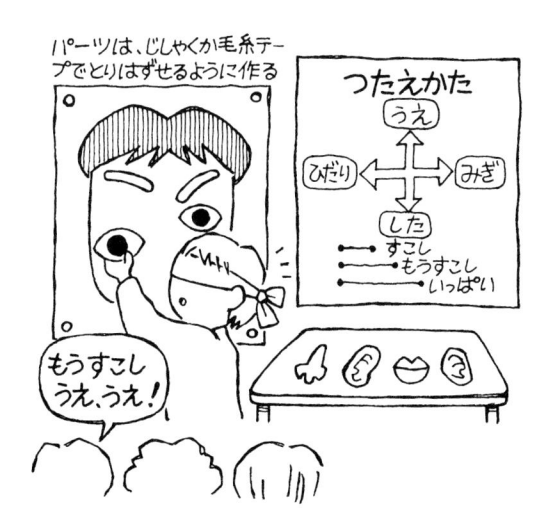

★応用・発展編★

福笑いの他にも、電車や動物、キャラクターなどを用意しておくと子どもたちは楽しく取り組みます。

コミュニケーションスキル　　会話を続ける・やりとりの流暢さ

43. スケルトンボックス

★対象　幼児〜
★人数　2人〜
★時間　10分
★準備　スケルトンボックス（ブラックボックスで使う箱の前面がアクリルになっており、中が見える）、形が同じで色が違うつみ木など数個、つみ木の絵カード、左右手前向こうのカード

★進め方★

指示を出す、指示を聞いて動く課題です。

スケルトンボックスの中から、手探りで示されたものを当てるゲームです。箱の中は同じ形で色が違うものを入れます。従って、触覚だけではわかりません。

スケルトンボックスの中に手を入れて探し当てる子どもは、自分の目の前に座って、箱の中が見えている友だちのアドバイスを頼りに手探りで探します。

アドバイスを出す子どもは、手を入れている子どもに「右」「左」「手前」「向こう」と指示を出して「カードに描かれたつみ木と同じつみ木」を選び出せるように声かけをします。

★指導のポイント・コツ★

ゲーム開始前に「少し右に」とか、「もっとたくさん左に動かして」「ちょっと手前」など伝えることばを確認してからはじめるとよいでしょう。ペアの子どもが間違った動きをしたときに怒ったり、声を荒げないでアドバイスできることも大切だと伝えておきましょう。

★応用・発展編★

慣れてきたら、時間制限やナイスアドバイス得点などをつけて、ポイント制で記録に挑戦してもおもしろいです。また、対面で教えると左右は逆転しますので、年齢の大きい子はあえて位置カードを使わず伝え合ってもいいでしょう。

> コミュニケーション
> スキル

会話を続ける・やりとりの流暢さ

44. ことばでコピー

- 対象　小学校中学年～
- 人数　2人～
- 時間　10分
- 準備　伝える絵、紙、鉛筆、消しゴム

★進め方★

　このゲームは「伝達ゲーム」や「教える福笑い」などと同様に、自分しかわからない情報を相手にわかりやすく伝えるゲームです。また聞き取る側は自分がイメージしやすいように質問することも経験します。お互いの情報が伝わり合っているか、「そうだよ」と承認すること、「いい？」と確認することの練習にもなります。言いたいことを相手に伝えることが苦手な子ども、話しかけられても反応の弱い子どもとおこないましょう。2人1組になり、情報を伝える人、聞いたものを紙に書く人の役割を決めます。

　コピーしたように見本と同じ絵を書くことを目指します。漠然と同じように書いてといってもむずかしい場合が多いので、伝える観点をはじめに確認しておきます。確認項目としては、①まずどんな絵ができあがるか（完成図を教える）、②紙のどこら辺に（位置）、③どんな大きさで、どんな形の何になる絵を描くか、その数について（大きさ、形、数）、④何みたいな形かなどです。また、子どもたちは違うときは「そうじゃないよ」といいますが、正しいときは何も言わないことが多いものです。⑤正しく書けているときには「いいよ」と言うことも確認します。伝えてもらうほうには、伝えられることが分からないときは状況に応じて、「もう一回ゆっくり言って」とか「違う言い方で教えて」といった質問の仕方も確認します。

★指導のポイント・コツ★

　自分の説明が相手に伝わらない、言っていることがわからないと、ストレスがかかりやすいゲームです。コピーということばにこだわって厳密に正確さを求める子どももいます。あらかじめ大人がやり方の見本を見せ、うまく伝わらなくてもイライラしないこと、そっくりそのままではなくてもいいことを知らせましょう。また一度に全部を覚える必要はないので、どのように分解して伝えるかの援助が必要な子には随時ヒントを出してあげます。複数のチームでおこなう場合、参加している子どもの状態に合わせてはっきり勝敗を決めるのか、各グループのいいところを見つけてあげるにとどめるのかなど工夫しましょう。

- ホワイトボードに絵がはってあります。
- 書いている子には見えないようにします。

> うちのえができあがります。はじめに三角のやねをかきます。

★応用・発展編★

　高学年、中学生なら見本を見ていい回数などの条件をつけると難易度が上がります。

コミュニケーション
スキル

会話を続ける・やりとりの流暢さ

45. 〇〇のことだけど

- 対象　小学校中学年〜
- 人数　1人〜
- 時間　支援
- 準備　〇〇のことだけど表

★進め方★

　昨日の出来事を話すときに、いきなり唐突に「おもしろかったんだよ。先生は乗った？」とあたかも、聞き手が同じ体験をしてきたかのように話しはじめる子どもがいます。まだ、他者の視点が獲得されていない子どもですが、そのような子どもには「〇〇のことだけど表」を用いて、話しはじめのことばかけの練習をさせてあげましょう。

★指導のポイント・コツ★

　ひと言発表のときにも「〇〇について話します」と前置きがあって話しはじめると上手にお話ができるよと伝え練習してください。

　たとえば休み時間、〇〇の授業、放課後のあそび、家庭でやるならスイミングなど、子どもが行動する範囲を書き出しておきます。いきなり話しだしたら、「いつどこでの話？」と表に注目させ、「どこでのことだっけ？」と尋ねます。子どもは表を見ながら、「放課後のことだけど…」と話しはじめを明確にして、話を続けます。

★応用・発展編★

　家庭でも「今日ママがスーパーで買い物していたときのことだけど…」と大人も話はじめを強調するようにしてみましょう。

〇〇のことだけど表
- あさ いくとき
- 学校（じゅぎょう、やすみじかん）
- かえりみち
- ほうかごのあそび
- スイミング

「どこでのことだっけ？」

「えっと…」

コミュニケーションスキル

会話を続ける・やりとりの流暢さ

46. やりとりシナリオ

- 対象　小学校中学年～
- 時間　10分
- 人数　2人～
- 準備　やりとりのシナリオ

★進め方★

友だちが発表した後、質問や感想を求められることがあります。そのとき、「ありません」ではなく、上手に感想や質問ができれば、友だちの話を良く聞いていたということにもなり、何より友だちが喜ぶのだということを感じてほしいと思います。

何を言っていいかわからない子どものために、あらかじめシナリオを提示しておき、最初はそれに従って感想や質問をしてみることを体験してみましょう。

■感想の言い方

（1）○○できて、よかったですね。
（2）○○で、悲しかったですね。
（3）○○は、おもしろそうですね。
（4）○○して、たいへんでしたね。など

○○には発表者の子どものことばを当てはめます。

どの感想を言うかわからなければ、先生に相談するようにします。

■質問の言い方

感想と同じようにシナリオを用意します。たとえば、外出したことだったら

（1）何に乗っていきましたか？
（2）一番楽しかったのは、何ですか？
（3）いつごろ帰ってきましたか？

など、質問選択肢を用意して選んでもらいます。

★指導のポイント・コツ★

最初は先生と一緒に考えて、シナリオをつくってから発言してみてください。多少、紋切り型になっても、自分の一方的な興味で感想を言うのではなく、友だちの話に対応したやり取りができたことを具体的に評価してあげてください。たとえば、「今の感想は、お友だちもうれしいよ！」「いい質問だったね。そのこと先生も聞きたかったよ」など。

発表のとき、発言の見本（シナリオ）にそって発言すれば、適切な感想や質問ができ、成功体験を増やすことができるように支援してあげてください。

★応用・発展編★

友だちの発表だけではなく、友だちの作品について、文章で感想を書くことも学校で求められるスキルです。同じようにフォーマットをつくって練習しておきましょう。

コミュニケーションスキル

会話を続ける・やりとりの流暢さ

47. イエス、ノークイズ

対象 幼児～
人数 4人～
時間 20分
準備 絵カード・「イエス」「ノー」「?」の札

★進め方★

　友だちにいろいろ質問をして、友だちの持っているカードを当てるゲームです。

　1人の子どもが前に出ます。その子どもだけに答えとなる「絵カード」を見せます。他の子どもたち4、5名が順番に質問をして、その「絵カード」を当てます。

　前に出た子どもは話すことができず、「イエス」「ノー」「?」（「?」札は判断に迷ったとき使います）の札のうち、いずれか1つを出すことしかできません。したがって、質問をする子どもたちは「色は何色ですか？」「いつ食べますか？」「どこを走りますか？」といった、ことばで答えなくてはいけないような質問はできません。「色は白ですか？」「朝食べますか？」「道を走りますか？」などよく考えて質問をしなくてはなりませんし、自分以外の子どもの質問と答えを記憶し、総合的に考えて、さらに答えに近づけるような有効な質問を考えなくてはなりません。答えがわかった人は「それは○○ですか？」と尋ね、当たったら終了となります。

★指導のポイント・コツ★

■記憶することが苦手な子どもへの支援

　質問や答えを書いてあげることも有効です。黒板に○、×、？をわけて枠をつくり、たとえば、正解がトマトならば、○の枠に出てきた質問を書きつなげます。○「赤い」「丸い」「やさい」……×の枠に「乗り物」「白」……、など。

■すぐに答えを言ってしまう子どもへの支援

　たとえば、「動物ですか？」「イエス」だけで、すぐに「ライオン！」と言ってしまう子どもがいる場合。『3周するまでわかっても答えは言わない』『1回答えを言ったら、その時点でその子だけ終了』などのルールをつくり、伝えておくのもいいでしょう。

　最初は「イエス」「ノー」「?」札を出す人は先生でもいいです。

★応用・発展編★

　家庭で、おやつを当てたり、楽しいイベントを当ててもらうときなどに使ってみてください。「今日のおやつは何でしょう？」「丸いですか？」「○」「甘いですか？」「○」「茶色ですか？」「○」……というふうに！

※3本の札を持つのが大変だったら ? はなしにして ○ × 両方出すことで ? とみなす
※表が ○、裏が × は出す子が混乱するのでダメ

コミュニケーションスキル

会話を続ける・やりとりの流暢さ

48. ものたりない君の作文

- 対象　小学校中学年〜
- 人数　1人〜
- 時間　10分（説明も含めて）
- 準備　作文・作文用紙

★進め方★

　不十分な作文（もの　たりないくん）を読んで、これでは意味がわからない！ということを感じ、どのようなことを書けば十分な作文（かっこいいくん）になるか考える課題です。子どもは間違ったもの、おかしなもの、足りないものを見つけることが好きですし、上手です。楽しみながらやりとりの練習をしてください。

　　名前　もの　たりない
　　作文［いったよ。あそんだ。］

先　生「これが、もの　たりない君の作文です」
子ども「え……？　わかんないよ」
先　生「なにが？」
子ども「行ったよ、じゃあ、どこに行ったかわかんないよう」（ふだん、自分はこのように書いていてもそれには気づかない）
先　生「じゃあ、もの　たりない君に聞いてみよう。聞いていいことは5つまでです」
子ども「どこに、行ったの？」
先　生「いい質問だね。えっとね、○○公園だって」
子ども「へえ……。誰と行ったのかな？」
……と続き、最後に、『かっこ　いい』君の作文として内容のある作文を示します。

★指導のポイント・コツ★

　書くことが苦手な子どもは、先生との口頭のやり取りにして、先生が代筆してもいいです。

ものたりない君の作文

いもうとがないた。

これだけではわからない！しつもんしてみよう。

1. どうなったの？
2. どこでないたの？　家で
3. いつないたの？　きのうのよる
4. どのくらいのじかんないたの？　10分くらい
5. なぜないたの？　はがいたくてくすりをのんだ
6. ものたりない君のきもちは？　しんぱい

い	が	く	で	り	い	り
も	い	は	し	を	い	ま
う	た	ま	た	の	も	し
と	く	し	が	ま	う	た
は	な	し	お	せ	と	。
よ	っ	た	と	る	は	
る	て	。	う		、	
、	い		と			
	ぼ		、			

ものたりない君の作文 → かっこいい君の作文

幼児用

えーん えーん

ゆう子ちゃんはどうしたのかしらきいてあげましょう

いたいの？
おかあさんは？
ころんだの？

★応用・発展編★

　家庭で作文の宿題をするときも、「質問シート」を用意して、子どもの書いた作文の不足しているところを尋ねて、子どもから上手に引き出してあげると良いですね。

第2部

コミュニケーションスキル

ノンバーバルコミュニケーション

49. 外見の大切さ

- **対象** 小学校中学年〜
- **時間** 5分
- **人数** 1人〜
- **準備** 等身大の鏡・身だしなみチェック表

★進め方★

　自分の衣服や顔の汚れに無頓着で、周りの人にどのようにうつっているのか気にしないタイプの子どもがいます。汚れていて気持ち悪いといった感覚が育ちにくく、違和感も持ちにくいため、なかなか自分では気づくことができません。また指摘されてもどうすればいいのかわからないため、すぐに直せなかったり、後まわしにしてしまうこともしばしばあります。

　年齢が低いうちは周りの大人の支援で衛生面に気をつけさせたり、状況に合わせて衣服を整えさせてあげることもできますが、学校に入ったころから自立に向け少しずつ自分自身で身だしなみに気を配れるような支援に切り替えてあげましょう。

　シャツがズボン（スカート）の中に入っているか、襟が折れているか、顔が汚れていないか、髪が整っているかなどのチェックすべき点を表にして、等身大の鏡の横にはり、出かける前に自分自身で確認する習慣や、季節感や色彩などを意識して服を選んだり、気候に合わせて着ていく服を考えられるように家庭の中で取り組んでみてください。

★指導のポイント・コツ★

　たくさんのチェック項目があると、かえって注意がいき届かなくなってしまいます。3ポイントにしぼって、そのポイントがクリアしたら、新たなチェック項目を増やすと良いでしょう。

★応用・発展編★

　家庭でぜひ取り組んでいただきたい課題です。家を出る前には必ずチェックをする習慣をつけてあげてください。チェック項目を絵で示してあげると幼児期から気をつけるようになります。

コミュニケーションスキル　　　　　　　　　ノンバーバルコミュニケーション

50. 視線の向け方

対象 幼児〜
時間 5分
人数 1人〜
準備 数字カード・しりとり絵カード

★進め方★

　人と話をするときに、視線が合いにくいとともに、相手が話しかけているときにも、全然違うほうを向いている子が多くいます。小さいころからたびたび「ごあいさつのときは、目を見て！」と言われ続けている子がたくさんいることでしょう。目を見ることは特定の子どもたちにとってはむずかしいことです。無理強いすることはよくありませんが、あらぬ方を向いてしまっては相手は気持ちよくありません。目を見ることがむずかしいなら、鼻やおでこの辺りを見ることをおすすめします。また、あいさつのときに相手の方を向くことができるようになっても、おでこ辺りを見なくてはと思い、おでこから視線を移せず、かえって相手を不快にしてしまうこともあります。視線をなめらかに移すことができないのです。視線を移す練習やあそびを通しておこないます。

　カードを10枚用意します。子どもは目をつぶってもらい、机の上でシャッフルします。「スタート」の合図で目をあけ、数字なら1から10、しりとりカードなら「しりとり」からはじめて「りんご」「ゴリラ」と…「きりん」まで視線を移していきます。机上で慣れてきたら、前のホワイトボードに貼って、立って目線をあげておこなってください。

★指導のポイント・コツ★

　なるべく顔を動かさず、視線が動くように声かけをすることと、実際追えているか確認しながらおこないます。10枚が多ければ、少ない数字からはじめて、3周するなど工夫してください。

★応用・発展編★

　年齢の低い時期なら「お話しするよ、こっちむいて」のような合いことばを決めて習慣化することも方法です。人の話を聞くとき、しっかり顔を見ていられなくても、あいづちを打てれば、話はなんとか進むので、「うん」「ふーん」とあいづちを打つ練習をするのも良いでしょう。

コミュニケーションスキル　　ノンバーバルコミュニケーション

51. 音楽にあわせて〇〇になろう

- **対象** 幼児〜小学校中学年
- **人数** 2人〜
- **時間** 10分
- **準備** ピアノなどの楽器（演奏するものがなければ、録音されたカセットテープ、絵カード（例：動物シリーズであれば、動物の絵カード）数枚

★進め方★

流れてきた音楽に合わせて、みんなで輪になってまわりながら体を動かすあそびです。

「動物シリーズ」の場合、象をイメージした曲を流し、先生のマネをして手を象の長い鼻に見立てゆっくりのっしのっしと前かがみで歩きます。うさぎの曲に変わったら、両手を耳に見立ててぴょんぴょん弾んでまわります。馬、きりん、さる、たぬき……など5〜6種類の動物を用意するといいでしょう。最初は曲を聞いて体の動かし方を練習し、一通り動きができるようになったら流れてきた音楽に合わせて、輪になってまわります。

子どもの様子を見ながら演奏をすることが望ましいですが、演奏することができなければ、カセットテープに録音したものを使ってもいいでしょう。

★指導のポイント・コツ★

音楽を聞きわけて、体の動かし方を変えられることがポイントです。多少不器用でも楽しくおこなってください。音楽だけでは切り替えることがむずかしい場合は、絵カードで示してあげてください。

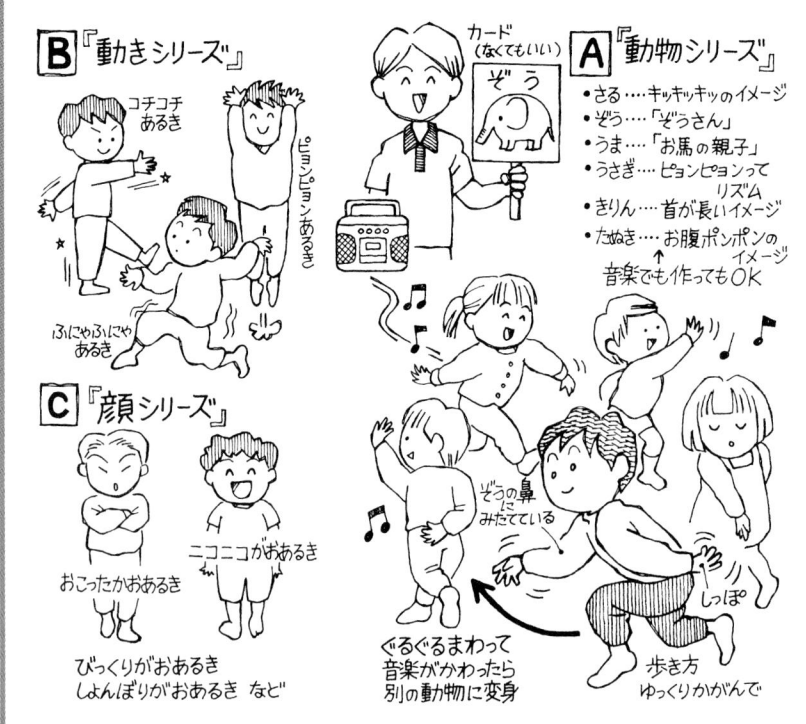

B『動きシリーズ』
- コチコチあるき
- ピョンピョンあるき
- ふにゃふにゃあるき

カード（なくてもいい）「ぞう」

A『動物シリーズ』
- さる……キッキッキッのイメージ
- ぞう……「ぞうさん」
- うま……「お馬の親子」
- うさぎ……ピョンピョンってリズム
- きりん……首が長いイメージ
- たぬき……お腹ポンポンのイメージ
- 音楽でも作ってもOK

C『顔シリーズ』
- おこったかおあるき
- ニコニコがおあるき
- びっくりがおあるき
- しょんぼりがおあるき　など

ぞうの鼻にみたてている
しっぽ
ぐるぐるまわって音楽がかわったら別の動物に変身
歩き方ゆっくりかがんで

★応用・発展編★

「動物シリーズ」の他に「動きシリーズ」「顔シリーズ」などいくつか用意し、あらかじめ音楽と動きを確認してから進めてください。

コミュニケーションスキル

ノンバーバルコミュニケーション

52. パズルでジェスチャー

対象 幼児〜小学校中学年
時間 10分
人数 6人〜（できれば3の倍数）
準備 動物絵合わせカード（市販）数組

★進め方★

　ジェスチャーで表現するあそびです。自分が表現することも大切ですが、友だちのジェスチャーを見て、何を示しているのかを理解する力も必要です。

　3枚で1つの動物になる絵カードを裏返しにしてバラバラに置き、「はじめ」の合図で、各自カードを1枚取ってめくり何が描かれているか見ます。それぞれが動物の特徴をジェスチャーで表現しながら、自分の他に2人同じ動物のジェスチャーをしている人を探します。同じ動物の友だちを見つけたら3人で一緒に座ります。ジェスチャーで友だちをさがしているときは声を出すことはできません。

★指導のポイント・コツ★

　ゲームをはじめる前に、あらかじめ動物の特徴を示すジェスチャーを練習しておきましょう。

3枚1組で1つの動物になる
うらがえし
1人1枚とる。
他の2人をみつけるとき「キリン」と言わずジェスチャーでさがす。

★応用・発展編★

　文字が読める年齢になったら、絵カードではなく、単語のカードを使ってもよいでしょう。

　その場合、1枚の紙に「きりん」と書き、他のカードにも「きりん」「きりん」と書いておき、同じ動物の名前を3枚集めようというルールにします。動物以外にもたくさんのジェスチャー練習ができます。

ぞう
9人でさがしあう
キリン
できたら3人いっしょにすわる

コミュニケーションスキル　　　　　ノンバーバルコミュニケーション

53. おにぎりの具はなに？

- 対象　小学校中学年
- 時間　5分
- 人数　2人〜
- 準備　おにぎりと具の絵

★進め方★

クラスや集団などで、注目させたいときや名指しではなくそっと注意や禁止をさせたいときに目配せを送ることがあります。目配せを受け取ることも、送ることも上手にできない子どもがいます。子どもによっては、目配せ自体を知らない、経験をしていないこともあるようです。

ここでは、「おにぎりの具をあてる」というあそびを通して楽しく目配せを練習します。

2人1組になって、1人が絵で描かれたおにぎりの「のり」の中に4種の具をそれぞれ隠します。先生が隠した子どもに「うめぼしはどこ？」と尋ねます。隠した子どもはペアの子どもに目配せでうめぼしが入っているおにぎりを教えます。

★指導のポイント・コツ★

隠した子どもが4種の場所を覚えていられないようなら、まずは1種類の具を4つのおにぎりの1つに隠して、目配せで教えることからはじめます。

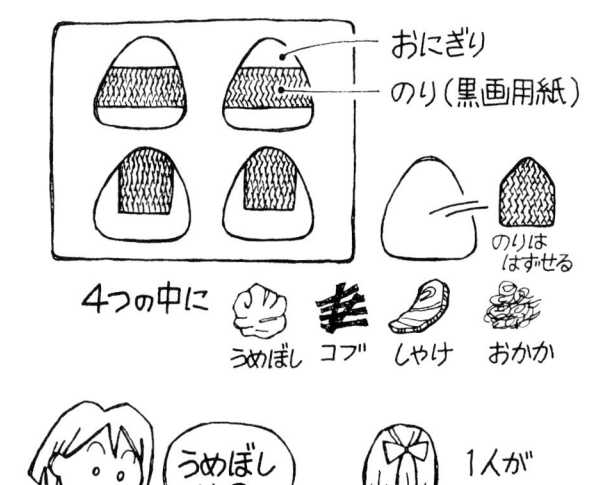

★応用・発展編★

おにぎり以外でも子どもの興味に添って教材を工夫しましょう。おにぎりを家にして、隠すものを子どもの好きなキャラクターでおこなうと集中が増します。

コミュニケーションスキル　　　ノンバーバルコミュニケーション

54. 気持ちカード

- 対象　幼児～小学校中学年
- 時間　10分
- 人数　4人～
- 準備　絵カード数枚

★進め方★

相手の表情を理解する上で、まず自分が気持ちを表わすことができて、それにあてはまることばを知っていなければいけません。最も初期の段階なら、快と不快の表出と理解でしょう。「いい・好き」か「いやだ・嫌い」かを顔で表現できること、相手の表情を読み取ることを練習しましょう。

子どもが快・不快を感じるエピソードまたは写真や実物を用意し、「いい」「いやだ」を大人も一緒に表情で表わしていきます。文字が読めれば、文字にして書き記します。たとえば、大好物のいちごのアイスや、大嫌いな注射などの絵カードを用意して、それを「好き」「嫌い」と言いながら、一緒にその表情をするのです。

次に「快・不快」それぞれの顔写真やイラストを用意し、絵カードとマッチングします。また、大人も絵カードを用意し、そのカードを子どもに見せながら、どちらかの表情を表現して、好きなのか嫌いなのかを子どもに当ててもらうゲームもできます。

★指導のポイント・コツ★

表情を変えることに強い抵抗を示す子どもには大人の表情に、まず注目してもらうところからはじめましょう。

★応用・発展編★

感情がもう少し分化できるなら、「うれしい」「かなしい」「こわい」「いやだ」で、同じように表現したり、グループで当てっこのゲームをしてみましょう。さらに「はずかしい」「びっくりしている」「心配している」「こまっている」などの表情も取り入れます。「手をたたきましょう」の歌詞の「笑いましょう」を「はずかしがって」「こまっちゃって」と置き換えて表情とジェスチャーで表わしても楽しいものです。

好きなソフトクリームの絵を見て…　にっこり

嫌いなピーマンの絵を見て…　うんざり

応用編　「先生はこれが好きでしょうか、嫌いでしょうか？」

「にっこり笑っているから好き！！」　いちご

第2部

> コミュニケーション
> スキル

ノンバーバルコミュニケーション

55. なぜ笑っているの？

★対象　幼児〜小学校中学年
★時間　10分
★人数　1人〜
★準備　表情状況カード

★進め方★

　基本的な表情を読み取ることができるようになった子どもには、次の段階として、一つの表情が状況によっていくつかの意味を表すことも伝えたいものです。ほほえましい行動に対しての「笑い」をばかにされたと思い、カッと怒ってしまう子どもがよくいます。「笑う」という表情には、ときによって「おもしろい」「たのしい」「かわいらしい、ほほえましい」「あざける」「ごまかしている」など、さまざまな気持ちが含まれていることを教えましょう。

　「なぜ笑っているのか」の原因が、写真や絵からわかるものを教材として集めます。笑っている人の顔以外の部分を紙で隠し、「なぜ、この人は笑っているのだろう？」と尋ね、考えてもらいます。意見が出たところで紙を取り「実は子犬を見て笑っていたんだね」とお話を続けます。

★指導のポイント・コツ★

　子どもから意見が出にくい場合は、答えの選択肢をいくつか用意しておきます。

★応用・発展編★

　「泣いている」「怒っている」「びっくりしている」表情、状況カードも作成し、一つの表情にもさまざまな気持ちや状況があることを学べるようにしましょう。

コミュニケーションスキル

ノンバーバルコミュニケーション

56. プレゼントの中身は？

対象　幼児～
時間　10分
人数　2人～
準備　空箱・プレゼントを書いた紙

★進め方★

　ジェスチャーを見て、その人の気持ちを当てるゲームです。
　プレゼントとわかるようなきれいな大きな箱を用意し、子どもに背を向けて大人がその箱を開けます。そのプレゼントが、①嬉しいものだったのか、②おもしろくて笑っちゃうようなものなのか、③がっかりするようなものだったのか、④頭にくるようないやなものだったのか、などを当ててもらいます。

★指導のポイント・コツ★

　子どもと役割を交代して、ジェスチャーをする担当になってもおもしろいです。

★応用・発展編★

　高学年にはパントマイムのような無言劇、たとえば、①友だちとの待ち合わせ場所に急いで行ったら、②誰もいなくて、③がっかりした、のような短いストーリーを順番に演じ合って、どんな場面か当てるゲームに取り組みます。

コミュニケーションスキル

相手の状況や気持ちの理解

57. 何に見える？

- 対象　幼児〜
- 人数　1人〜
- 時間　10分
- 準備　絵カード数枚

★進め方★

○○のような…、○○みたいな…、などたとえや比喩がわからない子どもがいます。クイズやなぞなぞも苦手なことが多いようです。ものを多角的に捉えることが苦手なようです。

「何に見える？」の課題では、絵カードを1枚見てそれが本来のものの他に何か別のものに似ていると感じたり、友だちの発言を聞いてなるほどと思えるように促します。たとえば、掃除機の絵カードを見せ「これは掃除機ですね。この絵を見て、何かに似ているな、と思うところがありますか？　見つけたら教えてね」と子どもたちに尋ねます。見立ては部分でも、方向を変えてもよいことにします。子どもたちが「ホースのところが象の鼻みたい」「ごみがたまるところが風船みたい」「コードが蛇みたい」などと自由に発言をし、それを1つずつ認めていきます。

★指導のポイント・コツ★

誰の答えも正解であることを伝えます。何かに見立てることが苦手な子どもは、友だちの発表を聞き、自分もそうだと思ったら手をあげさせることで参加を促します。

★応用・発展編★

絵カードで見立てが上手になったら、ことばに発展させます。たとえば、「花のような…」「電車のような…」で思いつくものを発表し合います。

コミュニケーションスキル　　　相手の状況や気持ちの理解

58. どんなふうに見える？

★対象★ 幼児～
★人数★ 1人～
★時間★ 10分
★準備★ とってや模様のついたコップ、ぬいぐるみ、つみ木など

★進め方★

視点を変える練習です。人の気持ちになって考える前段階のスキルです。自分の場所から見えていたものを他者の場所に立って見たら、どのように見えるのかを考えます。そして答えを出し、実際に他者の場所に移動して確認をします。

机の中央にとってと模様のついたコップを置きます。そして、自分と反対側の場所に立った人が見たらどのように見えるかを数種類のカードの中から選んでもらいます。その後で、実際その場所に立たせて選んだカードが正解だったか否かを確認させ、間違った場合は実際の見え方と照らし合わせて再度確認します。

★指導のポイント・コツ★

自分の場所に立ったままでは、なかなか視点が変えられない子どもに対しては、その場で体の向きを変えて考えるように援助します。

★応用・発展編★

一つのもので慣れてきたら、複数のものを置いて視点の変換ができるように練習します。絵カードを写真カードに変えてもいいでしょう。

コミュニケーション スキル

相手の状況や気持ちの理解

59. クイズの答えを推理しよう

★対象　小学校高学年～
★時間　10分
★人数　1人～
★準備　単語数個

★進め方★

　ある程度ヒントクイズに慣れ、自分でも1ヒントクイズや、3ヒントクイズなどが出せるようになった子どもの次のステップです。クイズに答えてもらう人の年齢に応じて、どんなふうな答えを出すか予想してもらいます。答えの一覧の中から、小学校に入る前の子ども・小学校3、4年生（自分と同じくらいの学年の子ども）・お父さん、お母さん（大人）といった年齢の異なる人たちが答えるためのクイズをつくると仮定して、そのクイズの答えとしてふさわしいものを考えます。

　たとえば、花シリーズのクイズをつくるとしたら、幼稚園の子はまだあまり花の名前を知らないので、たぶん知っているだろう「チューリップ」の問題を考えようというふうにすすめてもらいます。

　各年齢がどんなことに興味を持っているのか、知っているのかの予想を立てさせてから考えていけるよう援助します。

★指導のポイント・コツ★

　答える人の年齢に合わせて答えを考えることが課題ですので、どうしてその答えを選んだのか理由を聞き取りします。

> チューリップ
> ひまわり
> コスモス
> スイートピー
>
> カレーライス
> きゅうしょく
> ラーメン
> まくのうち
> べんとう

> ようちえんのもんだいの こたえは チューリップ。
> にしようかな？
> みたことあると思うから…
> コスモスはしらないと思う…

★応用・発展編★

　実際に3ヒントクイズをつくって、その年齢の人たちに答えてもらいましょう。

コミュニケーションスキル

相手の状況や気持ちの理解

60. 同じかな？

- **対象** 幼児〜
- **人数** 2人〜
- **時間** 10分
- **準備** 答えのカードや記入シート

★進め方★

相手の好みや興味関心が自分と同じことも違うこともあることを知る活動です。年齢によって2つの進め方が考えられます。

幼児〜小学校低学年の場合：動物カード編 各自に同じ動物のカード、たとえば、うさぎ、犬、ネコ、ハムスター、ライオン、ワニ、など5〜6枚を配ります。「この中で、一番好きなものをいっせいのーせで出します」と言って好きなものを選ばせ、一緒に出します。みんなの出したカードが同じでも違っても「へーそうなんだ」「わーいっしょだね」と確認し合います。他に虫編、食べ物編、乗り物編などでも楽しめるでしょう。

小学生や中学生の場合：シートに「あなたの好きなおかしは何ですか？」「あなたの好きな色は何ですか？」「あなたの好きなゲームのジャンルは何ですか？」「あなたの宝物は何ですか？」などの質問を書いておき記入してもらいます。それぞれが発表してやはり違いや同じを確認し合います。好きな教科、あそび、給食など答えやすいものからはじめ、子どもが答えられそうなら苦手なこと、よく怒られること、やってみたいことなど内面的な質問も出してみましょう。「同じことで怒られるんだ〜」と共感し合ったり、自分とは違うことに驚いたりと相手を意識する機会になります。

★指導のポイント・コツ★

子どもの実態に合わせて答えやすい、盛り上がる質問を考えましょう。また、自己紹介的要素もありますので出会いの時期におこなってもよいでしょう。

★応用・発展編★

小学生、中学生の場合、質問に答えると共に自分と同じ答えを書く人はこの中で何人いるか予想してみるのもおもしろいものです。自分だけと思っていたのに意外と同じ人もいたり、その反対だったり…と予想が裏切られる経験も大切です。

第2部

コミュニケーションスキル

相手の状況や気持ちの理解

61. 3問インタビュー

- 対象　小学校中学年～
- 時間　10分
- 人数　1人～
- 準備　インタビューシート

★進め方★

　自分の好きなことや嫌いなことが、必ずしも人と同じではない、ということがわかりにくい子がいます。相手によって興味関心が違うことや、人に喜ばれるためにはどんなことを言ったりやったりしたらいいか、気づきにくい子もいます。そんな子に向けて、最も身近なお母さん、お父さんの好みを予想したり、インタビューすることで確認し、他者に目を向ける経験をします。

　たとえば、以下のような問題をシートに書きます。「問1　あなたの好きな飲み物は何ですか」「問2　お母さん（お父さん）の好きな飲み物は何だと思いますか」「問3　お母さん（お父さん）の好きな飲み物は何かを、聞いてきて書いてください」

　他にも、好きなテレビ、好きなスポーツ、嫌いな食べ物、怖いことなど、問題をたくさん考えて継続的にシートをためていくと「家族の好き嫌い辞典」ができあがります。低学年のグループで約1年間このシートを宿題として続けたことがあります。はじめはお母さんの答えが自分の予想とまったく重ならないことに怒っていた子どもも、最後のころには「この質問は、この前、お母さんが言っていたからわかるよ」と自分の思い込みではなく、お母さんを見ているとわかることに気づいていきました。

★指導のポイント・コツ★

　観察するとわかりそうなこと、たとえば好きなテレビ番組や好きな飲み物などを多く質問に入れると人の様子を見ていると答えがわかるという経験になります。

たくさんためてファイリングし、みなおしても楽しい

わがやのすききらいじてん

うーんなにかな？

かぞくにインタビュー……その1
①あなたのすきなのみものは？
　りんごジュース
②おかあさんのすきなのみものはなんだと思いますか？
③おかあさんのすきなのみものはなんでしたか？

3問インタビューのシート

★応用・発展編★

　年齢が大きい子には「なぜ、それが好きなのか（嫌いなのか）」も問題に含めると、理由を考えたり、相手の理由を知る練習にもなります。

コミュニケーションスキル

相手の状況や気持ちの理解

62. 過半数一致ゲーム

- 対象　小学校高学年～
- 時間　10分
- 人数　8人～
- 準備　テーマ

★進め方★

　自分の考えやアイデアが友だちにどの程度受け入れられるかを知る課題です。

　「都道府県」「国名」「電車の名前」「駅名」「歴史上の有名な人物」「キャラクターの名前」「昆虫の名前」「夏休みと言えば…」など、テーマを決めて子どもたちに発表させます。そのときに大切なポイントは、自分が発表するものが参加者の過半数以上の理解や賛成を得るだろうと予想して答えを考えてもらいます。この答えはみんな知っているだろうか？　賛成してくれるだろうか？　と他者の立場に立って考えさせることが指導の目的です。

★指導のポイント・コツ★

　テーマを「乗り物」「花」「学校にあるもの」などと工夫すると低学年でもできますが、過半数以上とルールを明確にしすぎると、そうでなかった場合、発表の意欲をなくしてしまいますので、拍手の大きさで決める、など配慮が必要です。

テーマ：歴史上の有名な人

ただし8人のうち5人以上が知っていることが必要

- のぐちひでお ⑦
- とよとみひでよし ⑤
- いのうただたか ①
- エジソン ⑧
- おののこまち ②③
- ベートーベン

★テーマをかえると低学年でもできます
例）・学校にあるもの
・人に言われてうれしいことば
…etc

「しってる」「OK!」「ファーブル」「ゆうめい」

★応用・発展編★

　本来は過半数以上の理解や賛成が課題ですが、高学年くらいになるとマニアックな知識を評価してあげる機会をつくっても楽しめます。テーマも「過半数以下ゲーム」に変え専門知識のお披露目の時間にしてもいいでしょう。

コミュニケーションスキル

相手の状況や気持ちの理解

63. ずばりあてましょう！

- 対象 小学校高学年～
- 人数 2人～
- 時間 20分（リストにあげたものの数によります）
- 準備 ずばり当てましょうシート

★進め方★

　2人で相談して推理するゲームです。相手にあまり興味をもとうとせず、友だちと相談することが苦手な子どもも推理ゲームという設定が興味を湧かせます。「図書室にあるもの」「○○先生のうちにあるもの」「待合室にあるもの」などの場を決め、そこに実際にあるもの、ありそうだけれど実際にはないものをいくつかあげます。たとえば「○○先生の家にあるもの」なら、①車②バイク③自転車④金魚⑤ハムスター⑥犬⑦金庫⑧パソコン⑨ファックス⑩スキー⑪スケート靴⑫テニスラケットなどです。「この12個の中から実際にあるものは6つです。どれが本当にあるものかを当ててください！　質問を10回することができるので上手に推理してください。ただし質問するとき、車をもっていますか？　というようにリストにあがっているものの名前をそのまま使ってはいけません」と間接的に聞くことがルールであることを伝えます。あげる数は子どもの状況によって変えます。はじめは6個くらいを4回の質問で当てるくらいがいいでしょう。少ない質問ですべての情報を得るには大枠で聞きながらも絞り込めるような質問をすること、たとえば「乗り物の種類はいくつですか」とか、ペットを飼っていることがわかったら「それはどんな場所にいますか」といった質問をしていくといいことも伝えます。○○先生の好みをイメージしながら、自分の質問でいいか、ペアの子と相談しながら考えます。

★指導のポイント・コツ★

　質問の仕方がわからないようならモデルを用意しましょう。あらかじめ全部の質問を考えるのではなく1、2個考えて質問し、その答えの結果で次の質問を考えてもらいます。

★応用・発展編★

　「○○くんのふで箱にあるもの」「○○さんの鞄にはいっているもの」などメンバーを問題にしても楽しいでしょう。

コミュニケーションスキル

相手の状況や気持ちの理解

64. またね↑とまたね↓

- 対象　小学校中学年～
- 人数　2人～
- 時間　10分
- 準備　状況が書かれたカード

★進め方★

友だちに「あそべる？」と声をかけて、「またね」と言われたとき、その「またね」は婉曲の断りなのか、「今日はあそべないけれど、明日なら大丈夫」なのかの区別ができなくてトラブルをおこしてしまうことがあります。

「またね」に隠された気持ちを当てるゲームをおこなって、声色、声のトーン、表情を見る練習をしましょう。

1人の友だちが、「気持ちカード」を引きます。もう1人の友だちが「あそぼうよ！」と声をかけます。気持ちカードを持っている友だちが、表情や声のトーンで「またね」を表現し、その「またね」がどのような気持ちだったのかを当てるゲームです。

★指導のポイント・コツ★

答え合わせをおこなうときは、正誤だけではなく、どこに注目すればよかったか、ポイントとなるところを示してあげてください。

★応用・発展編★

「あそぼうよ！」「またね」の他に、「貸して！」「いいよ」、「どこに行くの？」「ちょっと」など日常でおこるいくつかの場面を設定しておこなうとよいでしょう。

コミュニケーションスキル目的別索引リスト

アイデア	適応対象				時間	人数	メインスキル	サブスキル	初期	中期	後期
	幼児・低学年	中学年	高学年	中学生							

■2-1 コミュニケーション態度を育てる（27〜37）

アイデア	幼児・低学年	中学年	高学年	中学生	時間	人数	メインスキル	サブスキル	初期	中期	後期
27.聞き取り伝承ゲーム	◎	○			5分	1人〜	6	7,22	○	○	
28.かっこいい聞き方	◎	◎	○	○	支援	1人〜	6	7,8,10	○		
29.フリーズ！	◎	◎	−	−	30秒〜1分	1人〜	6	7,22	○		
30.ゴロゴロ・ピカピカ・ドカン！	◎	◎	○	○	10分	4〜6人	6	26,29	○	○	
31.はいポーズ！	◎	◎	◎	−	5分	2人〜	9	1	○		
32.はやくち、ゆっくり聞き取りゲーム	◎	◎	○	○	10分	4人	6	7	○		
33.音・文字数えゲーム	◎	◎	◎	◎	10分	4人	6	7	○		
34.ステレオゲーム	◎	◎	◎	◎	10分	4人	6	7	○		
35.○×ゲーム	◎	◎	◎	◎	10分	4人	6	7	○		
36.聞き取りクイズ	−	◎	◎	○	10分	1人〜	6	7		○	○
37.約束カード	◎	◎	◎	○	5分	1人〜	6	7,8	○		

■2-2 会話を続ける、やりとりの流暢さ（38〜48）

アイデア	幼児・低学年	中学年	高学年	中学生	時間	人数	メインスキル	サブスキル	初期	中期	後期
38.伝達ゲーム	◎	◎	◎	◎	10分	2人〜	9	6,10,41		○	
39.会話のピラミッド	−	◎	◎	◎	5〜10分	2人〜	10	6,9		○	
40.えんぴつ対談ゲーム	−	−	◎	◎	10分	2人	10	6,9		○	
41.ラッキーコインゲーム	○	◎	◎	◎	20分	4人	9	32,44		○	
42.教える福笑い	◎	◎	◎	○	20分	2人〜	9	32,44		○	
43.スケルトンボックス	◎	◎	◎	○	10分	2人〜	9	32,44		○	
44.ことばでコピー	−	◎	◎	◎	10分	2人〜	9	10,32,44		○	
45.○○のことだけど	◎	◎	◎	○	支援	1人〜	9	14,17	○		
46.やりとりシナリオ	○	◎	◎	◎	10分	2人〜	10	12,17,18		○	
47.イエス、ノークイズ	○	◎	◎	◎	20分	4人	10	6,9,32		○	
48.ものたりない君の作文	−	◎	◎	○	10分	1人〜	9	10		○	

■2-3 ノンバーバルコミュニケーション（49〜56）

アイデア	幼児・低学年	中学年	高学年	中学生	時間	人数	メインスキル	サブスキル	初期	中期	後期
49.外見の大切さ	○	○	◎	◎	5分	1人〜			○	○	○
50.視線の向け方	◎	◎	◎	○	5分	1人〜	14		○		
51.音楽に合わせて○○になろう	◎	◎	−	−	10分	2人〜	13	1,32	○		
52.パズルでジェスチャー	◎	◎	◎	○	10分	6人〜	13	1,32	○		
53.おにぎりにの具はなに？	−	◎	◎	○	5分	2人〜	15	32	○		
54.気持ちカード	◎	◎	◎	○	10分	4人〜	12	13,17,18		○	
55.なぜ笑っているの？	◎	◎	−	−	10分	1人〜	12	17,18	○		
56.プレゼントの中身は？	◎	◎	○	○	10分	2人〜	12	17,18	○		

■2-4 他者の状況や気持ちの理解（57〜64）

アイデア	幼児・低学年	中学年	高学年	中学生	時間	人数	メインスキル	サブスキル	初期	中期	後期
57.何に見える？	◎	◎	○	○	10分	1人〜	20	17,18		○	○
58.どんなふうに見える？	◎	◎	○	○	10分	1人〜	17	18	○		
59.クイズの答えを推理しよう	−	−	◎	◎	10分	1人〜	16	17,18,19		○	
60.同じかな？	◎	◎	◎	◎	10分	2人〜	17	18		○	
61.3問インタビュー	−	◎	◎	◎	10分	1人〜	17	18		○	
62.過半数一致ゲーム	−	◎	◎	◎	10分	8人〜	17	18,32		○	
63.ずばりあてましょう！	−	−	◎	◎	20分	2人〜	18	10,17		○	
64.またね↑とまたね↓	−	◎	◎	◎	10分	2人〜	20	12,13,15		○	

＊53頁表下を参照

社会的行動スキル　お家でできる準備①　集団参加

65. 話を聞く姿勢づくり

- 対象　幼児〜
- 人数　1人
- 時間　支援
- 準備　なし

★進め方★

集団の中で、一斉に話しかけられても話し手に注意を向けることができず、個別に話しかけたり、○○ちゃんと呼んでから話をしなければならない子どもは、まず、家庭の中で1対1で、相手に「おへそ」を向けて聞く、話すといった具体的な方法を教えてあげましょう。

「おへそが向いたね！　じゃあ、発表します！　今日のおやつは○○です！」というふうにまず、楽しい内容からはじめてみて下さい。

★指導のポイント・コツ★

子どもが話しはじめたら、まずお父さん、お母さんが「おへそ」を向けて、聞くよ！　という意思表示をしてきちんと聞いてあげ、正しいモデルになってください。

★応用・発展編★

上手におへそが向けられるようになったら、「すばやく向ける」段階にレベルアップしてみてください。日々のことですから楽しみながら、ときにおへそが曲がってしまうことがあっても完璧を求めずおこなってみてください。

社会的行動スキル　お家でできる準備②　　　　　　　　集団参加

66. 流れにそった行動ができる

- 対象　幼児〜
- 人数　1人
- 時間　支援
- 準備　なし

★進め方★

　流れに沿うということは「自分中心」から「ルールや他者中心」に気持ちも行動も切り替えることができるということです。学校ではそれが時間割や「みんなが待っているから急いで」「終わった人は待っていて」といったことに従えるかどうかということになります。家庭では、兄弟姉妹やお父さん、お母さんのペースに自分を合わせること、家庭のルールをつくってそれに従って行動する経験をつむことで、「合わせる」ことができるようになってきます。

　家庭でも、兄弟がいれば、お母さんに何かしてもらうためには、自分の番がくるのを待たなければなりません。集団に入る前から少しずつ「待つ」練習をおこないましょう。一人っ子でしたら、なおさら意識してその機会をつくりましょう。

　次は「順番」を、あそびやお手伝いの中で取り入れます。ブランコに乗る、おもちゃの貸し借り、お菓子をわける、机の上を拭くといった場面でやってみましょう。このとき、あらかじめ、いつまで待つのか、またいつ交代するのかをきちんと伝えて納得してもらうこと、数をかぞえたり砂時計を置くなど切り替えの区切りが具体的にわかるようにすること、できたことをしっかりほめてあげることが大切です。特に、とても気に入っているミニカーは絶対に貸したくない、など思い入れがあることに対してはむずかしい場合も多いので、「順番」の練習をするときはあまり思い入れのないことからはじめて（大事なミニカーはお友だちとのあそびでは使わないことにする、など）ステップアップしていきましょう。

★指導のポイント・コツ★

　家庭でみんなが守るルールは1つか2つにしぼってください。できれば、覚えられるもの、紙に書いて貼っておき、日々確認できるとよいです。ルールが守れて、習慣になったら、また新たなルールをみんなで考えてつくってみてください。

★応用・発展編★

　ある家庭では「靴は自分でそろえる」というルールをつくり玄関に絵と文字でポスターを貼って3か月家族みんなで守りました。3か月経った今では習慣になりポスターがなくても、みんなが揃えられるようになったそうです。

時間がわかりやすいように

砂時計や タイマーを使うのもよいでしょう

（あの車は大切だから しまっておいて……）「どっちがいい？」

ミニカーかして……

社会的行動スキル　お家でできる準備③　　　　集団参加

67. お手伝い

★対象　幼児～
★人数　1人
★時間　10分
★準備　お手伝いの時間は5～10分・日記記入は15分程度。お手伝いは回数多くおこなってもよいが、日記は1週間に1度程度

★進め方★

家庭で「お手伝い」をします。そして、何をやったかを「お手伝い日記」に書き、保護者にはひとことコメントを書いてもらいます。

回数は少なくてもお手伝いをする習慣を身につけると、子どもたちは「働くこと」の大変さとともに、感謝される気持ちも理解できるようになります。

お手伝いの内容は、「お風呂そうじ」「ゴミ出し」「買い物の荷物を持つ」「ペットボトルのラベルはがし」など、働いたことが明確なものが望ましく、家庭で話し合って決めるとよいでしょう。

★指導のポイント・コツ★

保護者のひとことコメントはまず、ほめることが第一で、子どもの仕事の不備はお手伝い中に手短かに注意をするのみにして、コメントには書かないようにします。

保護者には子どもが仕事や学習を継続するために、親としてどのように声をかけるとよいか、支援をすることが望ましいかを考える機会になります。

★応用・発展編★

幼児の場合　内容は「新聞を運ぶ」「食卓に家族のお箸を並べる」「バスタオルを替える」など、簡単なものにし、同じことで毎日続けられることを目標にしましょう。できた日はカレンダーに○をつけ、20個たまったらごほうびがもらえる仕組みにします。ごほうびは、夕飯のおかずに好きなものがリクエストできる。お父さんと△△（子どもが好きなこと）ができる、などかかわりが持てるものが望ましいでしょう。

低学年の場合　家族の人から頼まれたことをすることを「お手伝い」として、毎日1つ「お手伝い」をすることを目標にします。用紙の記入は保護者がおこない、20個シールやスタンプがたまったら子どもの好きなカードと交換できるようにしてみましょう。

社会的行動スキル　　　　　　　　　　　　　集団参加

68. 係の仕事

- 対象　小学校低学年〜
- 時間　支援
- 人数　1人
- 準備　係の仕事表

★進め方★

　新しいクラスでの係の仕事をこなす、ということは、自分がこのクラスに帰属しているのだという実感、所属意識を持つ上でも大切です。何を、どのように、どのくらいすれば良いか、わかるような具体的な掲示をつくってみましょう。家庭での準備表やお手伝い表にも応用できます。

　係表にはだれが、いつ、どんな仕事をするかを書きます。仕事を終えたらシールやマグネットを貼る、カードを裏返すなど、やったことがはっきりわかるようにすると意識化しやすくなります。表は作業場所の近くに貼り、確認しやすくしましょう。また、みんなの役に立っているということが、本人に伝わるようなことばかけや拍手を忘れないようにしたいものです。

★指導のポイント・コツ★

　クラスの中でシールやマグネットの動かし方を説明するとき、対象になる子どもを例に挙げて、「たとえば、〇〇君のを動かしてみると…」とその子どもを使っておこなうと、対象の子どもが理解しやすくなります。

★応用・発展編★

　家庭でも帰ってきてからおこなうこと（宿題・明日の準備・家庭プリントなど）をマグネットシートでつくり、本人が終わったマグネットを移動させることで、自分の行動を確認できる仕組みをつくるとよいでしょう。自主性が育ちます。

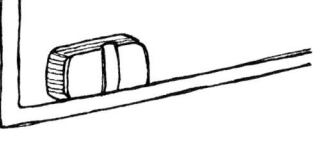

社会的行動スキル　　　　　　　　　　　　集団参加

69. 休み時間のすごし方

- 対象　小学校低学年〜
- 人数　1人
- 時間　支援
- 準備　休み時間のすごし方リスト
「こんなあそびいいね　これはやめよう」

★進め方★

　楽しいはずの休み時間ですが、すぐに一緒にあそぶ友だちをつくることが苦手な子にとっては、休み時間はトラブル発生時間にもなりかねません。友だちとのかかわりを持つ機会にと、週に1回はクラスみんなであそぶ日をもうけている学級もあるようですが、あそびの内容やルールなどを考慮しないと、せっかくよかれと思ったことが、その子にとって最も気の重い時間となってしまう場合もあります。休み時間のすごし方にとまどう子どもの場合、何をやればいいのか、また何をやってはいけないのか、理解していないことが多いようです。学級会で話し合ったり、担任が提案して掲示しておくとよいでしょう。

　クラスでの話し合いのもと、休み時間におすすめのあそびや適さないこと（教室内での鬼ごっこなど）を大きな紙に書きます。教室の壁に常時掲示してもよいですが、休み時間になる前に前の黒板に移動させ、注目させてから貼ると効果的です。

★指導のポイント・コツ★

　リストですから、選択肢がたくさんあって、その中から選べるということが大切です。そして、その中に気にかけたい子どもの好きなあそびが複数入っていることがポイントです。

★応用・発展編★

　休み時間だけでなく、プリント課題が終わったときや給食の配膳時など、いわゆるすき間の時間のすごし方のリストも同様につくっておくとよいでしょう。

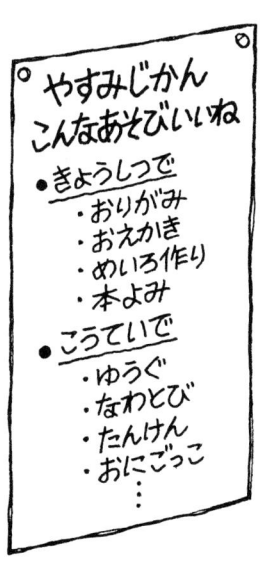

やすみじかん
こんなあそびいいね
- きょうしつで
  ・おりがみ
  ・おえかき
  ・めいろ作り
  ・本よみ
- こうていで
  ・ゆうぐ
  ・なわとび
  ・たんけん
  ・おにごっこ
  ・…

「今日はめいろ作りをしようかな…」

社会的行動スキル　　　　　　　　　　　　　　集団参加

70. そうじ当番・そうじの仕方

- 対象　小学校低学年〜
- 人数　1人
- 時間　支援
- 準備　そうじ当番表・そうじの仕方の絵

★進め方★

　学校の中で役割を与えられ、活動する課題に「そうじ」「給食」「係の仕事」などがあります。

　それらの活動は学習課題と同様、社会性を育てるという点ではとても大切な勉強です。

　子どもがマイナスの評価を受ける原因の一つに「そうじをさぼっている」「給食当番をやらない」などがあります。やり方がわからず、取りかかろうとしたけどすでに終わっていたなどの機会を失っているだけの子どもにとって、マイナスの評価は辛いものです。

　対象の子どもがそうじにうまく参加できるようになるために必要なスキルを見直してあげ、役割を果たせる子どもに育てましょう。

　そうじができるようになるためには…
①そうじのはじまりの時間に気づく。
②当番表の見方を理解する。
③具体的な活動内容を理解し、道具の扱いを習得する。

　たとえば「ほうき」係になったとして、ほうきを上手に扱い、ほうきを使って特定の場所にごみを集めることができる。このようなことが必要です。

★指導のポイント・コツ★

　そうじの時間になったら、対象の子どもにつき添って当番表を見ます。一緒に道具を使ってそうじをします。具体的にやるべきことを伝え、机運びならば「この一列をさげて、戻す」、ほうきなら「四角の枠にごみを集める」などと伝え、絵で示します。

★応用・発展編★

　体験をつんだら、徐々に一緒に行動することを減らし、指示の声かけも減らしていき、主体的に取り組んでいる様子を見つけて「できているね」と承認の声かけを増やしていきます。「そうじ熱心賞」をつくって、その子を含め複数名みんなの前で認めてあげる方法もあります。

社会的行動スキル　ルール理解のコツ①　ルール理解・集団における気持ちのコントロール

71. 見てわかるように

- 対象　幼児〜
- 人数　4人〜
- 時間　10分
- 準備　すごろくやトランプなど、順番タワー（手づくり）

★進め方★

　自分の番なのに、まわりの子の様子を見ていないので、いつも「○○ちゃん！」と言われてしまう子どもや、1周待てずについつい人をとばしてやってしまう子どもとあそぶときに使います。

　すごろくやカードゲームをするときに「順番タワー」を用意して、自分が終わったら次の人の前に、そのタワーを置きます。タワーが置いてある人は「今の順番」と目で見てわかるようにします。また、すごろくだったら、終わった人が必ず次の人にサイコロを渡す、といったルールにすることで、自分の順番を意識することができるようになります。

　三角柱に「じゅんばん」と書かれた順番タワーを用意します。すごろくなどのあそびのときに、サイコロをふる子どものところに「順番タワー」を置き、サイコロをふります。自分がコマを進めたら、サイコロと順番タワーを次の人に渡します。また、ホワイトボードにマグネットをつけて視覚的に説明するのもルール理解に役立ちます。

★指導のポイント・コツ★

　はやく自分がやりたい子どもも、順番タワーを示して、「いま、順番タワーはあそこだから、後3人だね」と視覚的に伝えることで、「いつなんだろう」「自分のじゅんばんが来ないかもしれない」と不安になる気持ちが軽減され、待つことが楽になるようです。

★応用・発展編★

　自分の番まで「待つ」ことが苦手な子に対しての支援として、グループ規模を小さくする、順番を早めにしておく、待っている間に別の課題を用意しておくなどの環境調整が考えられます。また、「おじぞうさんのようにじっと待っていられる人がチャンピオン」など、待つことを評価の観点にしたり、静かに待っていることを「かっこいいね」とほめてあげることもよいでしょう。

社会的行動スキル　ルール理解のコツ②　ルール理解・集団における気持ちのコントロール

72. スモールステップ

- 対象　幼児〜
- 人数　4人〜
- 時間　10分
- 準備　トランプ、ウノ、かんたん人生すごろく

★進め方★

　課題をくり返しおこなうこともももちろん大切なことですが、失敗体験を数多く体験することは賛成できません。見通しを持つことが苦手な子どもにとって、何回かうまくいかないことが続くと「このあそびはこういうもの」＝「つまらないもの」という思いこみにつながります。市販されているトランプやウノなどのゲームができると地域の友だちやクラスメートとあそぶきっかけになります。定番のゲームをスモールステップ（段階を踏ん）で覚える機会をつくりましょう。

　「トランプの7並べ」は2つの絵札で5までの数で、「3並べ」としてはじめます。

　「ウノ」なら、最初は英語のカードは使わないでやります。また、「かんたん人生すごろく（幼稚園編）（小学校国語の時間編）（運動会編）」など、枠が20個くらいで、マイナスよりもプラスのほうが多く、サイコロも1〜3までの目を使い、進み方に大きな差が出ないようにして進めましょう。

たとえば7ならべも3ならべから

| 1♥ | 2♥ | 3♥ | 4♥ | 5♥ |
| | | 3♣ | 4♣ | 5♣ |

★指導のポイント・コツ★

　シンプルなルールにすることで、ゲームの決着が早くつき、同じ時間で回数多くあそぶことができます。勝つにしても負けるにしても、勝敗の重みが減り、ゲームそのものを楽しむ経験につながります。

★応用・発展編★

　シンプルなルールから、徐々に複雑にしていきましょう。少しずつルールが増えていく（変わっていく）ことは同じゲームをくり返すことのマンネリ化を防ぐことにもなります。
　ステップアップルールを用意しておき、どれをつけ加えるかを話し合わせると話し合いのスキルになります。

社会的行動スキル

ルール理解・集団における気持ちのコントロール

73. 転がし中あて

- **対象** 幼児〜
- **人数** 6人〜
- **時間** 10分
- **準備** ボール・枠

★進め方★

ドッジボールはしたいけれど、自分に向かって飛んでくるボールが怖い、ボールを避けられない、キャッチできない、コントロールよく投げられない、など失敗体験をしてしまい、あそびそのものに参加できなくなってしまうケースがよくあります。

ルールの工夫やスモールステップで、子どもの参加意欲を高めてあげましょう。

■いちわくドッジ

ドッジボールと同じルールですが、外野と内野のみの区別なので、刺激が減って、何をすれば良いか理解しやすくなります。

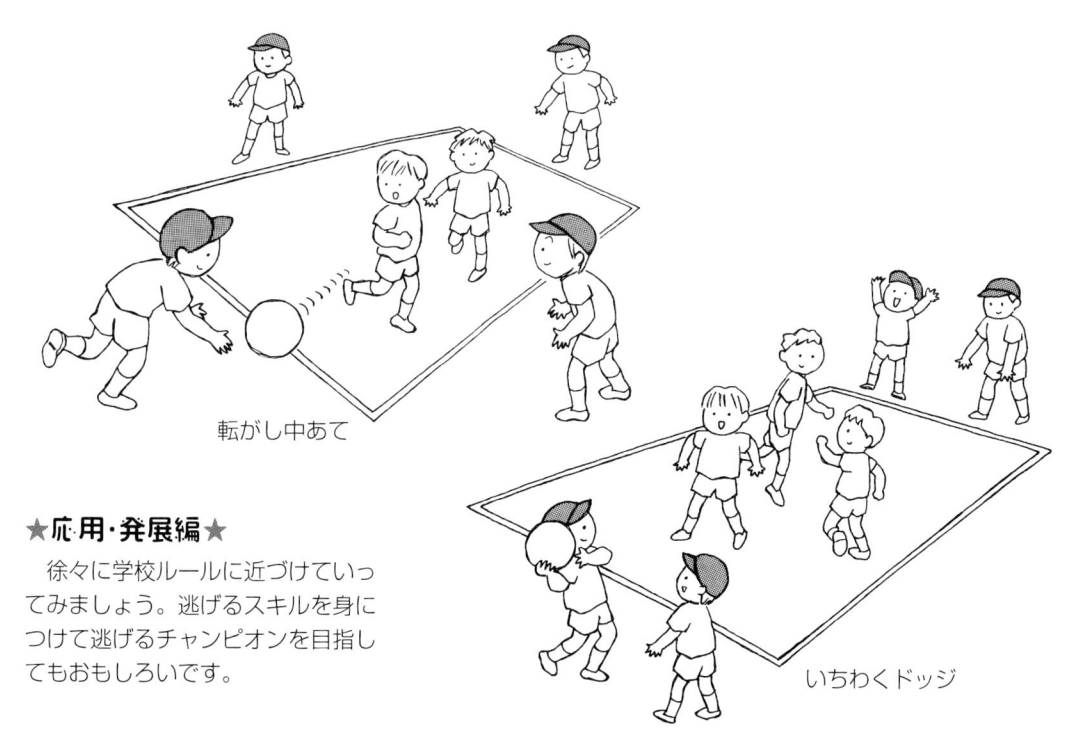

■転がし中あて

いちわくドッジと同じルールですが、ボールが転がってくるので恐怖心はやわらぎます。

★指導のポイント・コツ★

外野、内野の区別をしっかりつけるために帽子をかぶる、かぶらないなどの支援をしてください。また、誰かが当たって外野に出る場合は、ボールがいき交っている間に出るのではなく、サッカーの選手交代のようにいったん動きを止めて、子どもが出てからプレイ再開にします。また、誰かが当たって外野に出たり、当てた人が外野から内野に入る場合も、ボールが行き交っている間ではなく、いったん全体の動きを止めて、出入りが終わってからプレイ再開にします。

転がし中あて

★応用・発展編★

徐々に学校ルールに近づけていってみましょう。逃げるスキルを身につけて逃げるチャンピオンを目指してもおもしろいです。

いちわくドッジ

社会的行動スキル

ルール理解・集団における気持ちのコントロール

74. ドンジャンケン

★**対象** 幼児〜
★**時間** 10分
★**人数** 6人〜
★**準備** フープ・カラーテープ（室内）屋外なら地面に書く

★進め方★

　自分のチームを意識すること、自分が負けても、それで終わるのではなく、上手にチームの次の友だちに「負け」を伝えることで挽回のチャンスがあることなどを学びます。

　テープの端を陣地にして2チームにわかれます。各チームの順番を決め、順番通りフープに並びます。「よーいスタート」で各チームの1番の子が敵の陣地めがけてスタートします。敵の1番手と会ったところで、お互い両手でタッチ（ドーンと声をかけあってもよい）して、「ドーン、ジャンケンポン！」とジャンケンをします。勝ったら相手の陣地に向けて進みます。負けた人は自分のチームに向かって「負けたー」と伝え、自分の陣地の最後尾に並び、自分の番を待ちます。負けたチームの2番手は「負けたー」の声を合図に相手の陣地に向かって進みます。勝ったり負けたりをしながら、相手の陣地に入れたら1点です。

★指導のポイント・コツ★

　このゲームは、自分のチームの前の子が負けたときにすぐにスタートしないと、相手にどんどん進まれてしまうので、自分の前の子を気にかけていないといけない点、また、負けた子も、自分のチームのメンバーに「負けたー」と報告しないと自分のチームが不利になってしまうので、順番やチームの仲間を意識するためにはいいゲームです。陣地にいるとき、並ぶ場所が明確になるようにフープを置きます。かなりエキサイトするあそびですので、走らないで早歩きするとか、ドーンのタッチの力の加減を決めるなど、必要に応じてアレンジするとよいでしょう。

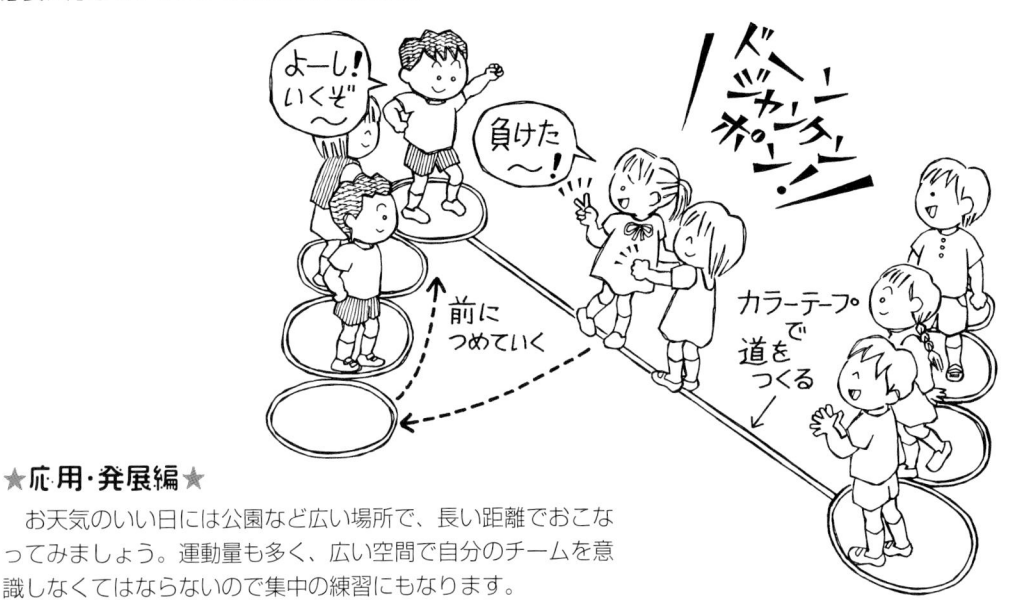

★応用・発展編★

　お天気のいい日には公園など広い場所で、長い距離でおこなってみましょう。運動量も多く、広い空間で自分のチームを意識しなくてはならないので集中の練習にもなります。

社会的行動スキル　ゲームをつくってあそぼう①　ルール理解・集団における気持ちのコントロール

75. カード合わせ

対象 小学校低学年〜
人数 6〜8人
時間 20分（作成時間10分・あそぶ時間10分）
準備 カードづくり：(1) 15センチ×10センチぐらいの大きさの厚紙（高学年ならトランプ大の大きさ）4枚×人数分、つまり6人でやるなら24枚。厚紙に線を引いておいて、子どもに切らせてもよい。(2) えん筆、色えん筆、マジックなど。あそぶとき：コール用のベル

★進め方★
指導の中では、子どもたちにオリジナルのゲームをつくってもらう、ということもよくおこないます。自分たちでつくったカード、自分たちで決めたルール、という思いでゲーム活動がより盛り上がり、積極的な参加がみられます。このカード合わせゲームも、子どもたちが大好きなゲームです。

★つくり方★
1人4枚ずつカードを渡し、一つのテーマを決めて4枚のカードに絵をかきます。イメージがわきやすいように、見本を用意しておくとよいでしょう。子どもたちはキャラクターのほかに、乗り物シリーズ、メロンパン家族や宇宙天体シリーズなどユニークなものを思いつきます。カードの下に作成者の名前を書いておきます。カード製作、おひろめが終わったらいよいよあそびます。

★あそび方★
基本的には昔からある「家族あわせゲーム」と同じです。カードの絵柄を下にして1人4枚ずつ配ります。かけ声係を決め（はじめは大人がやるとよいでしょう）「いっせいのせ！」で、1枚のカードを隣の人の前に伏せたまま置きます。新しく回ってきたカードを加え、手元の4枚のカードが全部同じシリーズ（つまり同じ人のカード）になったら、中央においたベルを押します。いち早く押せた人がゲームの勝者です。多少の偶然性と、多少の作戦が勝敗を決めるので、小さい子から大人まで楽しめます。

★指導のポイント・コツ★
おもしろいことにほとんどの子は、はじめは自分のカードをそろえようとしますが、続けていくうちに、手元に複数あるカードにしたほうが確実である、と考えを変えていきます。

数回終わった後に、勝った子どもに「コツ」を聞くと、途中で集めるカードを変えたり、自分のカードにこだわらないこと、などと答えが返ってきます。それを聞いて他の子どもも作戦を立てられるとよいですね。

★応用・発展編★
子どもに複数セットのカードをつくってもらい、家族であそんでみても楽しいです。

社会的行動スキル　ゲームをつくってあそぼう②　ルール理解・集団における気持ちのコントロール

76. パズル交換ゲーム

⭐ **対象** 小学校低学年〜

⭐ **人数** 2人〜

⭐ **時間** 20分（作成時間10分・あそぶ時間10分）

⭐ **準備** パズルづくりのために：A4サイズの厚紙　1枚×人数分
低学年の場合は、裏に線を入れておく。中、高学年は、線の数を決め、自分で線を入れる。鉛筆、色鉛筆、はさみ
あそぶために：時間のわかるもの

★進め方★

このパズル交換ゲームも、子どもたちにオリジナルのゲームをつくってもらうものです。自分のつくったパズルを友だちが苦心してやっている様子や、「できた！」と喜んでいる姿、複数の友だちから「貸して、貸して」と言われて満足し、活動がより盛り上がり、積極的な参加がみられます。

★つくり方★

裏に線の引いてあるA4サイズの厚紙を用意します。子どもは表全面に絵を描き、色をつけます。絵が思いつかない子ども、描けない子どもには、あらかじめ用意した絵を貼らせてもよいでしょう。最初は8ピースをバラバラにしますが、バラバラになったときに、自分のパーツがわからなくならないように、パーツごとに名前かサインを小さく書きます。描きあがったら、裏の線にそって丁寧に切り、8ピースにします。

★あそび方★

自分がつくったパズルを友だちと交換してあそびます。

★指導のポイント・コツ★

会話のスキルを意識させましょう。「○○君、貸して」「ぼくがつくったパズルだけどやってみない？」など、貸し借りをする前に声をかけるように促します。

★応用・発展編★

8ピースで上手にできるようになったら、10、14、16…と増やしてみてもおもしろいです。ただし、紙が柔らかい場合はあまり増やしてしまうと上手に合わせられなくなります。20ピースが限界です。

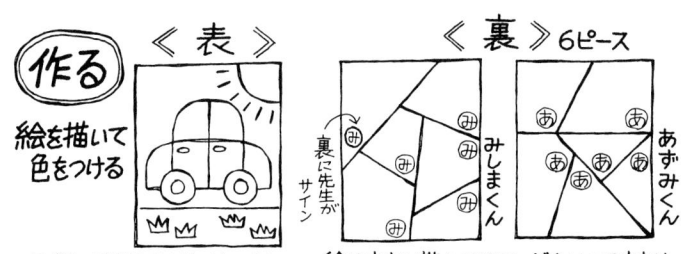

| 社会的行動スキル | 負けの受容① | ルール理解・集団における気持ちのコントロール |

77. 記録との戦いゲーム

対象　幼児～
人数　2人～
時間　5分
準備　缶・お手玉・箱・市販のバランスゲーム

★進め方★

「くり返し負けを体験すれば、いつかは慣れる」という考え方は、間違っているとは言えませんが、見通しを持てない段階や、気持ちのコントロールが非常にできにくい場合は、何度やってもうまくいかず、むしろ「ゲームなんてつまらない、一人であそんだほうがいい」と決めつけてしまうことにもなりかねません。

そのような段階では、勝敗がおこらない「記録との戦いゲーム」をおこなってみましょう。

■缶つみ競争・玉入れ競争

子ども全員が1チームとなって1回目より2回目の記録更新を目指します。

■みんなで協力ゲーム

市販のバランスゲームを使いますが、落とした人が負け、というルールではなく、みんなで最高何個までつみ上げられるか、といった協力ゲームに変えます。

★指導のポイント・コツ★

この段階は友だちとルールを守ってあそぶことは楽しい、と思えることが何より大切です。

あそびの流れの見通しが持てるように大人がやり方の見本を示すことや、1回目は見学してみる、先生とペアで参加するなどの猶予を与えてあげることも安心して参加できる方法の一つです。

● 市販のバランスゲームを使って
こどもたちがちょうどギリギリのせられる数になるようつみ木を調整しておくと「みんなで全てやりきった」という達成感が得られます
「そーっと」「こっちがいいよ」

● 玉入れゲーム
3分間に何こ玉を入れられるかな？

★応用・発展編★

負けの受容の練習ではありませんが、競争を上手に使った指導方法です。家庭で「ママが洗濯物を干している間に、明日の準備ができたら、○○ちゃんの勝ち！　ママの洗濯物干しが早かったらママの勝ち！」というように「早く、早く」だけではなく、ゲーム感覚で競い合ってみましょう。

社会的行動スキル 　**負けの受容②**　　ルール理解・集団における気持ちのコントロール

78. くり返しゲーム

- 対象　幼児〜
- 人数　2人〜
- 時間　15分
- 準備　トランプ、すごろく、王様のイス、王冠

★進め方★

人との勝敗を緩やかに体験する段階のあそびです。

まずは大人が上手に負けてあげます。その中で3回に1回くらいの割合で大人も勝ちます。たとえば、神経衰弱を3回戦して、そのうち1回は大人が勝ちます。また、3〜4人のグループに大人が入り、ビリ役を演じます。そのとき「くやしいなあ！」とか「この勝負は負けちゃうかもしれないけど、この次はがんばろう！」と気持ちをコントロールすることや、ことばのモデルを示します。

また、決着が短時間で決まるゲームを、回数多くおこない、その中で「勝つこともあれば、負けることもある」ことを体験します。

■王様ジャンケン

ジャンケンで王様役が頻繁に入れ替わるジャンケンゲームです。

■かんたんすごろく

15マスくらいであがるシートでおこない、サイコロも3までのものを用意すれば接戦にできます。

★指導のポイント・コツ★

1つの勝負が5分以内くらいに終わるようにして、最低2、3回はおこなえるとよいでしょう。

★応用・発展編★

高学年向けですが市販のゲームに「自分の勝ちを予想する」カードゲームがあります。たとえば5回勝負するチャンスがあったとして、配られた持ち札で、自分は何回勝てるか予想し、その予想通り勝てればボーナス点があり、予想を外れると外れた数だけマイナス点が出るという仕組みになっています。単純に勝つだけがよいわけではないという複雑な心理戦のルールですので高学年の子どもたちには、とても人気があります。

社会的行動スキル 　**負けの受容③** 　　ルール理解・集団における気持ちのコントロール

79. 宣誓

- **対象** 幼児〜
- **人数** 2人〜
- **時間** ゲームの中で
- **準備** 宣誓用紙

★進め方★

ゲームをおこなう前に「ゲームは勝つ人も負ける人もいます。負けても怒らない、泣かない。勝ってもいばらない。拍手で切りかえ」と書いた「宣誓用紙」をみんなで読みあげてはじめます。

事前に心の準備ができることは、気持ちのコントロールの苦手な子どもにとっては大切です。また、参加のポイントとしてこの最初の約束が守れたらそのことを得点化することで、より自制意識が働く子どももいます。

★指導のポイント・コツ★

負けそうで我慢できなくなったらどうするかの対策も事前に話し合っておき、リタイアや大人のピンチヒッターを認めてあげる、などの折衷案を取り入れておくことも大切です。「宣誓」をしたからと言ってすぐに、その通りにはいかないものです。最終的には「負けを受け入れる子ども」になるためには少しずつできるようになっていることを評価することが大切です。

★応用・発展編★

高学年になると、勝っていばったりすることや、負けて泣いてしまうことなどはなくなりますが、自分の失敗や負けが許せなくて、落ち込んでしまったり、緩やかな拒否をすることが出てきます。「自分にドンマイ！」が言えたり、「別のことでがんばろう！」と切り替えることの大切さを教えてあげてください。

社会的行動スキル　提案・助言・協力・共感・主張

80. こんなときどうする？

対象　小学校高学年～
時間　10分
人数　4人以上
準備　ワークシート

★進め方★

　小学校高学年くらいになると、子どもたちの活動範囲は広がります。先生や大人の援助の届かないところで自分の立場を主張する場面が増えてきます。あらかじめさまざまな場面での受け答えを練習しておきましょう。

　たとえば、「友だちがあそぼうと言ってきたけれど、君は別の友だちとあそぶ約束をしている。こんなとき、どうする？」「君はお習字の墨をこぼしていないけれど、誰かが先生にこぼしたのは君だって言ったよ。先生に自分ではないことを上手に伝えよう」など、場面を設定して子どもたちに考えさせ言わせてみます。

　いくつかテーマを決めておこない、「こんなときどうする？」オリジナルマニュアル本をつくってみましょう。

★指導のポイント・コツ★

　ワークシートに記入する形で学びますが、その場面になったときに、適切な行動が思い出せたり、とっさにことばが出てくることが必要です。ロールプレイなどを利用して言ったり、行動したりする練習を増やしてあげてください。

★応用・発展編★

　グループ活動であれば、他の子どもたちの意見を聞くことでスキルも増えますし、家庭でおこなう場合は、家族の方が「お母さんならこうするわ…」と教えてあげることもできます。

社会的行動スキル / 提案・助言・協力・共感・主張

81. 話し合いのポイント

- **対象** 小学生中学年〜
- **人数** 4人以上
- **時間** 10分
- **準備** 話し合いのポイントシート

★進め方★

学級会や班活動の話し合いでは、①それぞれが意見を出し、②それに対して反対、賛成意見を出し、折衷案なども出され、③最終的には多数決などで決定する、という一連の流れがあります。その手順表を「話し合いの手順表」にして、話し合いの場面では常に参考にできるように掲示してみましょう。

★指導のポイント・コツ★

積極的な参加を求めるなら、テーマの吟味も大切。「グループの名前決め」「休み時間のあそび決め」「そうじ用具の分担」など、小さなことでも話し合って決める経験をたくさんつむことが大切です。

★応用・発展編★

家庭でも誰かが一方的に決めてしまうのではなく、意見を出す、他の人の意見を聞く練習のために、話し合って決めることを増やしてもよいと思います。家庭内での役割を決めるときや、何かを購入するときなどがチャンスです。

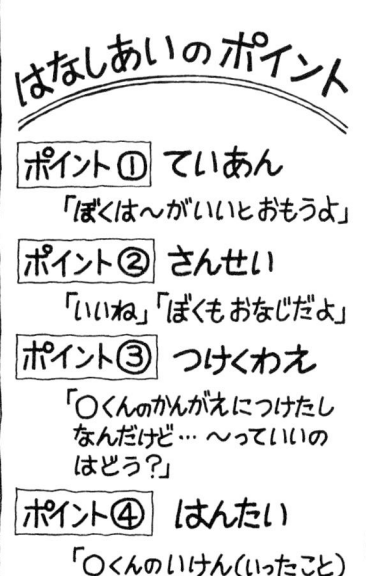

今日はなんのおやつにする？
チョコがいい
いいねー
おせんべい

はなしあいのポイント

- ポイント① ていあん
「ぼくは〜がいいとおもうよ」
- ポイント② さんせい
「いいね」「ぼくもおなじだよ」
- ポイント③ つけくわえ
「〇くんのかんがえにつけたしなんだけど…〜っていいのはどう？」
- ポイント④ はんたい
「〇くんのいけん（いったこと）は〜からむずかしいとおもう」

社会的行動スキル　提案・助言・協力・共感・主張

82. 交換練習

対象　小学校低学年〜
時間　10分
人数　2人〜
準備　子どもたちのお気に入りの物
　　　工作用の折り紙やビーズ、モールなど、またはシールやおかしなど子どもたちのお気に入りの物

★進め方★

お互いに意見を言い合って、自分の持っているものと、友だちの持っているものを交換する練習です。工作のときや、遠足、お楽しみ会のときなどにおこないます。事前に友だちと交換することを伝えておいてから、家庭で用意してきてもらいます。交換する場合、「このビーズ3個とそのビーズ1個と交換してくれない？」といったアイデアことば（提案の工夫）や、「ごめんね、これはだめなんだ。でもこれならいいよ」といったクッションことば（ストレートに断らない、別の案を提案する）を使うことを、ロールプレイなどを使って事前に提案しておきます。小さなことから意見の調整を練習していきましょう。

★指導のポイント・コツ★

・提案ことば：〜してくれない？　と語尾をあげてやさしく言います。
・クッションことば：ごめんね。○○はダメなんだ、とやさしく言います。
・別案ことば：でも、△△ならいいよ。
など、その場で使えるように事前に練習したり、書いて貼っておきましょう。

★応用・発展編★

提案ことば、クッションことば、別案ことばなどは、交換の場面でなくても使うことができます。活動の中で、あるいは家庭で他者の気持ちを意識したことばが出てきたら、すかさず「よいことばだね」と褒めてあげてください。

「私のこのビーズ3こと そのビーズ、こうかんしてくれる？」

「うーん」

社会的行動スキル

提案・助言・協力・共感・主張

83. 道づくり

★対象★ 小学校低学年〜
★人数★ 2人〜
★時間★ 20分（作成時間5分、あそび時間15分）
★準備★ 道パーツづくりのために：1辺20センチの正方形に切ったダンボール、1人4枚程度。辺の中央に赤で印をつける。えん筆、名前ペン

★つくり方★

1辺20センチのダンボールに赤の印を挟んで6センチ幅の道を描きます。4枚とも違う道の形になるようにします。時間が余ったら、道端に絵を描いてもよいことにします。

★あそび方★

ダンボールに家を描いたもの（スタートとする）とパン屋さん、おもちゃ屋さん、遊園地を描いたもの（ゴールにあたる）を用意します。できれば、子どもがわくわくするような立体的なものが望ましいです。子どもに道を置く順番とゴールを決めさせ「スタート」から、順番に道をつなげてゴールまでたどり着けるかどうか挑戦します。最初は、目的地1つに到着したら終了し、残った道は使いません。つなぎ合わせることに慣れてきたら1つ目の後、2つ目の目的地を目指してもよいことにします。

★指導のポイント・コツ★

協力することが目的なので、子どもが置いた道のパーツが目的地に向かって、のびていったときは、「○○君がそこに置いてくれたから、△△さんがパン屋さんに行けたね！ みんなが工夫してくれたからよかった！」と協力の大切さを伝えてあげてください。

★応用・発展編★

目的地が増えたとき、どの順番でまわるか、どこに立ち寄ることをあきらめるかも相談させましょう。

社会的行動スキル　つくってあそぼう①　提案・助言・協力・共感・主張

84. キャタピラー

対象 小学校低学年～

人数 2～3人

時間 90分（話し合い、製作、あそびすべて）

準備 話し合いの記録用シート、筆記用具、キャタピラーをつくるための同じ大きさのダンボール2つ、カッター、はさみ・ガムテープ、マジック、シールなど

★進め方★

つくったものであそぶことは子どもにとって、とてもたのしい活動です。あそぶために、話し合い、協力して製作します。

〈キャタピラーのテーマ、デザインを話し合う〉

ダンボールをつなげてつくるキャタピラーをペアでつくることを伝えます。またそのキャタピラーにテーマ（名前）をつけることと、どこら辺にどんな絵や文字などの飾りをつけるかを相談してもらいます。話し合ったことが形に残るように記録シートを用意しておくとよいでしょう。話し合いの進め方がまだわからないグループには81の「話し合いのポイント」にあるようなフォーマットを用意しておきましょう。意見がまとまらないときはジャンケンで決める、譲る、合体案にするなどの方法提案が必要なグループにはその準備もします。

〈キャタピラーをつくる〉

①ダンボールを切り2つをつなげます、②完成したキャタピラーに飾りつけをします。ダンボールを切る人、押さえておく人、ガムテープを切る人、貼る人、どの絵を書く人など役割分担を決めながら進めるように促します。決めたことだけれど変更したくなったらその旨を言ってもよいことなども伝えます。

〈キャタピラーであそぶ〉

できあがったキャタピラーであそびます。1人が誘導係になって進んだり、2人一緒に入って進んだりして楽しみましょう。

★指導のポイント・コツ★

カッターの使用には注意します。ある程度相手の意見に折り合いがつけられる段階の子どもとおこないます。

★応用・発展編★

複数のグループでおこなう場合、各グループの作品のよいところを見つけるなどするのもよいです。

社会的行動スキル　つくってあそぼう②　提案・助言・協力・共感・主張

85. ゲートボール

- **対象** 小学校低学年〜
- **人数** 2〜3人
- **時間** 90分（話し合い、製作、あそびすべて）
- **準備** 話し合いの記録用シート、筆記用具、ゲートボールのボール位の小さなボール（新聞紙を丸めてつくってもよい）
  - ゲートボールスティックの材料…飲み口の部分も底と同じように閉じた牛乳パック、新聞紙夕刊1日分、はさみ、ビニールテープかカラーガムテープ、マジック、シールなど
  - ゲートの材料として…ペットボトル2本、スズランテープ、ひもなど

★進め方★

84と同様、工作やあそびの活動を通して相談、協力の経験ができます。

〈ゲートボールのスティック、ゲートづくりの役割分担を決める〉

話し合って役割をメモしておきます。

〈ゲートボールのスティック、ゲートをつくる〉

①新聞紙を広げて長い筒ができるように丸め、テープで留めます。このときに丸めた筒を持っている人とカラーガムテープをらせんに貼り留める人が必要になるので分担を相談しながらおこないます。②あらかじめ牛乳パックの真ん中に十字の切り目の線を入れておきます。その線をカッターで切ります。やはりおさえる人、切り込みを入れる人の分担をします。切り込みは子どもの実態に合わせて事前に入れておいてもよいです。切り込みに筒を差し込み、ガムテープを貼りしっかり固定させます。ここでも貼る順番や切る人、貼る人などの分担をします。牛乳パックにテープやシールなどで飾り付けをして自分たちのグループのスティックがわかるようにします。ゲートはペットボトル2本を柱に間をひもやスズランテープでつなぎます。

〈ゲートボールであそぶ〉

練習をしてから試合をします。室内に複数のゲートを置き通過したらポイントとします。あそび方のルールは本格的なルールでもいいし、グループの実態に合わせて、決めていいでしょう。個人戦で競ってもよいですが、ペアでチームにして合計6打中何打ゲートを通過するかなどチームプレイにするとよいでしょう。

★指導のポイント・コツ★

工作の作業は製作する子どもの様子で適宜アレンジしてください。

★応用・発展編★

ルール決めの話し合いも活動の一部にしてもよいでしょう。その際、必要があればチームワーク得点（98）なども取り入れます。

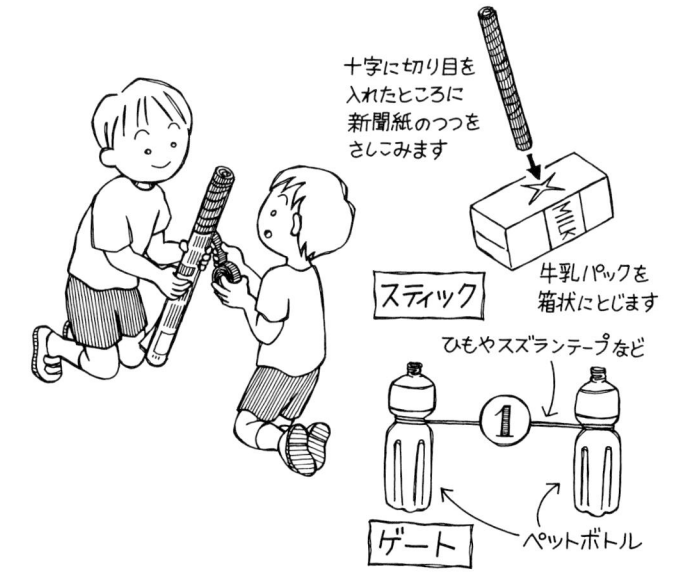

| 社会的行動スキル | つくってあそぼう③ | 提案・助言・協力・共感・主張 |

86. アレンジジェンガ

- **対象** 小学校低学年〜
- **人数** 2〜8人程度
- **時間** 40分（話し合い、製作、あそびすべて）
- **準備** イベント記入シート、筆記用具、市販されているジェンガ、または100円ショップなどで売っているジェンガ大の木片24ピースくらい、ジェンガの幅に入りきるシール

★進め方★

84、85同様相談してつくったもので、あそびます。市販されているジェンガまたは同様の木片の下の部分（やるときに見えない面）にイベント（問題）を書いて、その指令に従いながらあとは一般のジェンガのルールですすめていきます。ジェンガというゲームは手先の巧緻性が必要となりますので、この部分の体験をさせたい子どもにもお勧めですし、イベント内容を工夫すると中学生でも十分たのしめるあそびです。

〈ペアでジェンガのイベント内容を考え、記入〉

イベントを考えようといった漠然とした投げかけでは思いつかないことも多いので、テーマを書いた記入シートを配りそれを基に話し合いを進めます。たとえば①**運動系**（例：その場で片足10秒）、②**質問系**（例：あなたの嫌いな食べ物はなんですか）、③**クイズ、チャレンジ系**（例：早口ことばを言う）、④**ルール変更系**（例：2回続けてやる）などのテーマが考えられます。2人の意見を1つにまとめるように促します。シートに書いた内容をピースに貼っておいたシールに書き写し準備完了です。低学年の書字の負担が大きい子どもは大人が代筆します。

〈ジェンガをする〉

個人戦でおこなってもいいですし、イベントを考えたペア同士のチーム戦でおこなってもいいでしょう。

★指導のポイント・コツ★

相手が嫌な気持ちになる内容やいじわるなイベント内容を考えないように事前に伝えることが大切です。また個人の失敗というより、何周回れたかの記録に挑戦という形で進めてもいいでしょう。すべての木片にイベントが書かれている必要はありませんが、2回に1回くらい出てくるようにピース数を調整しておくとたのしく盛り上がります。

★応用・発展編★

家庭でもおこなってみましょう。小学校高学年や中学生とする場合、テーマを「勉強」や「長所・短所」として「得意な教科」、「自分の苦手なこと」などを答えるようにすると自己意識や仲間との共通性を意識する機会にもなります。

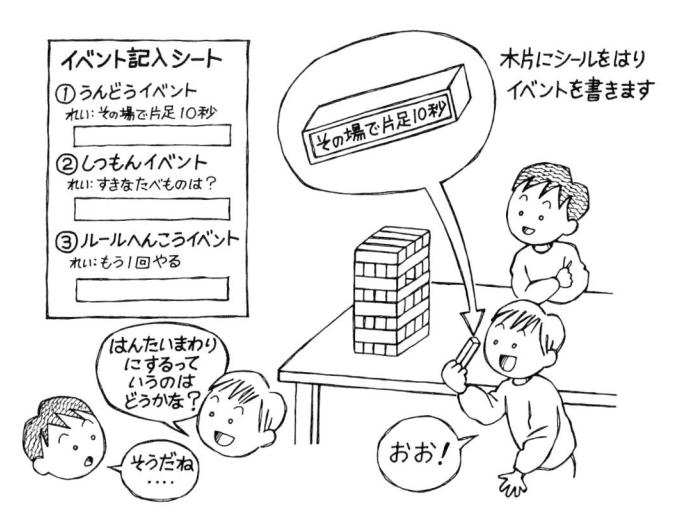

社会的行動スキル　　提案・助言・協力・共感・主張

87. おみこしわっしょい

対象　幼児〜
人数　2人以上
時間　10分
準備　棒、ボール

★進め方★

　相手がいることに気づかない、相手がいることに気づいても相手に合わせることに興味がなかったり、あるいは上手にあわせることができない子どもがいます。
　このような子どもには、短い時間でいいので相手にあわせる経験をつませてあげましょう。
　友だちと一緒に何かをする、友だちと息を合わせる、リズムを合わせる、といったことを楽しみながらゲームなどでくり返しおこなうことで、相手と合わせることを体を通じて学んでいきます。
　「おみこしわっしょい」は2人のペアでおこなうゲームです。
　ペアになった友だちと2本の棒の先をお互いに持ち、その棒でボールをはさんで、落とさないように運びます。

★指導のポイント・コツ★

　歩くリズムを合わせること、棒でボールをはさむ力を同じにすることなど落とさないで運ぶためにはいくつかのポイントがあります。ボールが落ちてしまったとき、どのポイントができていなかったか振り返ります。

★応用・発展編★

　最初は同じ方向を向き、慣れたら、前の子どもが後ろ向きになって、後ろの子どもが方向や距離の指示を出すようにします。

せーのいち！に！

応用編

前の子が後ろ向きで走ります。後ろ側の子が「あと少し！」などアドバイスをしましょう

社会的行動スキル

提案・助言・協力・共感・主張

88. 新聞島

- **対象** 小学校低学年〜
- **時間** 10分
- **人数** 2人以上
- **準備** 新聞紙

★進め方★

　ペアで協力するゲームです。新聞島（新聞紙を島に見立てます）の上に2人組が乗ります。ペアの代表同士がジャンケンをし、負けたペアは新聞紙を半分、また半分と小さくしていかなくてはなりません。小さくした上に5秒間落ちないように居続けるゲームです。おんぶしたり、片足ずつ寄っかかり合ったりと、体勢の工夫が勝負を左右します。無理なく、楽しく人と呼吸を合わせ5秒間ふんばる機会をつくってあげましょう。

★指導のポイント・コツ★

　いきなり子ども同士が無理なら、大人とペアを組んで経験してから子ども同士でやってみましょう。

★応用・発展編★

　子どもの数が多いときや郊外でできるときなどには、レジャーシートなどを使ってみてもダイナミックで楽しいです。

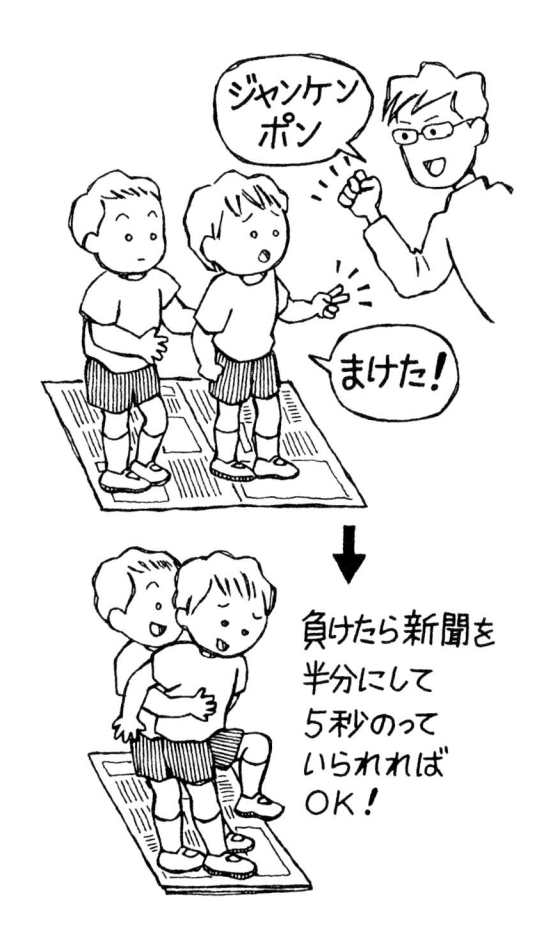

ジャンケンポン

まけた！

↓

負けたら新聞を半分にして5秒のっていられればOK！

社会的行動スキル　　提案・助言・協力・共感・主張

89. 紙送りゲーム

対象　幼児～
時間　15分
人数　2人以上
準備　画用紙大の大きさの紙（広告など）1チーム2枚

★進め方★

　友だちと息を合わせ、タイミングを合わせるゲームです。
　1人の子どもが画用紙大の紙に乗ります。そして、もう1人の子どもが同じ大きさの紙を、友だちが今乗っている紙の前に、ぴったり合わせて置きます。最初の紙に乗っていた子どもは、置かれた紙にすばやく移動します。この動きをタイミングよく、息を合わせてくり返しおこない目的地を目指します。

★指導のポイント・コツ★

　「さっ」（紙を前につける音）「ぴょん」（飛び乗る音）「さっ」「ぴょん」……と声に出してリズムをつけると動きやすいことを伝え、その要領で進みます。

（せ～の／はいよ！／スタート／B4大の紙／ゴール）

★応用・発展編★

　何かを発表するときに、2人で「いっせーのせ」とタイミングを合わせること、子ども同士3人以上でジャンケンをすること。これらもみんなで声をかけ合って、タイミングを合わせなければうまくいきません。どれもやりとりの基本そして、相手を意識して自分も行動するための最初の一歩として、取り組みたい課題です。

社会的行動スキル

提案・助言・協力・共感・主張

90. ペアで完成

- 対象 小学校低学年～
- 時間 10分
- 人数 2人以上
- 準備 20ピースくらいのジグソーパズル

★進め方★

　ジグソーパズルを友だちと2人で完成させるあそびです。あらかじめ、パズルをバラバラにして机の上に置きます。ピースを見て「何ができそうか？」「役割分担をどうするのか？」の意見を出し合います。より早く、2人の共同作業でつくるのが条件です。1つずつピースを選んで交代で置いていく方法や、1つのピースの置き場所をお互いに相談する方法もあります。いくつかパズルを用意して置き、1回目はAさんが提案者、2回目はBさんが提案者、と役割分担をしてもいいですし、2人の意見を取り入れてやることにしてもいいでしょう。

★指導のポイント・コツ★

　一緒に楽しく作業することが目的です。指導者は、傍で「話し合い回数」を数えて、評価するようにすると、お互い相談する機会が増えます。

★応用・発展編★

　どのように役割を分担したらいいか事前に話し合って決めることで、その後の作業がスムーズにいくということを体験するために「タイムに挑戦」してみてもいいでしょう。

社会的行動スキル　提案・助言・協力・共感・主張

91. ジャストタイミング

対象　幼児〜
時間　10分
人数　3人以上
準備　参加する子どもの腰ぐらいの長さの棒を人数分。

★進め方★

友だちとタイミングを合わせるあそびです。まず、3人からはじめます。子どもが大股1歩くらいで移動できる間をあけ三角形の頂点となる位置に3人が立ち、自分の体から少しだけ離れたところに棒を立て、棒の上を支えて持ちます。「いっせーのせ」のかけ声で、みんなが自分の左隣の人の棒のところに移動し、棒を支えて立ちます。

かけ声でタイミングよく移動することが成功の秘訣です。次の棒ばかりに気持ちがいってしまうと、自分が支えていた棒を離すときの力加減がわからず、倒してしまい、友だちがキャッチできないということもあります。最初はタイミングの取り方や力加減がむずかしくうまくいきませんが、慣れてくると5〜6人でも上手にできるようになります。反対回りにも挑戦してみましょう。

★指導のポイント・コツ★

棒を立てる位置にシールなどで印をつけておくと移動先の場所がわかりやすいです。

★応用・発展編★

食事のとき、いっせーのせで「いただきます」を言ったり、お父さんが帰ってきたときに、いっせーのせで「おかえり」を言ったりしても楽しいでしょう。

「いっせ〜の〜せ！」で、すばやく移動します

社会的行動スキル

提案・助言・協力・共感・主張

92. 作戦！ 引っ越し屋さんが運んだ

⭐対象　小学校低学年～
⭐時間　15分
⭐人数　3～4人
⭐準備　運ぶもの5つ位：お手玉のような小さなものから平均台やマットなど1人では運べない大きなもの

★進め方★

　作戦を立てて、ものを一緒に運ぶ、という相談や協力を経験するゲームです。コール係（大人）が「だるまさんがころんだ」と同じ要領で「引っ越しやさんが運んだ」と5回コールします。引っ越し屋さん役の子どもたちはコールしている間に部屋に散らばっている荷物（お手玉や平均台）をトラック（ゴールテープ）のところまで運びます。コール係が振り向いたときは「だるまさんがころんだ」と同じように動いてはいけません。荷物を1人だけでトラックまで運んだら5点、2人で運んだら10点、3人なら15点というように協力して運べば運ぶほど得点が高くなるようにします。2人以上で運ぶやり方はリレーのように荷物を回すやり方（小さい荷物向きです）と一緒に運ぶやり方（大きかったり重い荷物向きです）があります。

　はじめに作戦タイムをとり、どういう順番で何を運ぶか、それぞれがどの場所からスタートするか（スタートの場所は自由でよいことにする）を相談してはじめます。得点係がそれぞれの荷物が何点でゴールしたかを見ておき得点を発表します。

★指導のポイント・コツ★

　やり方のイメージができやすいように、はじめに大人が見本をみせましょう。5回のコールでぎりぎり全部運べないくらいの荷物の数や内容を用意しておくと盛り上がります。

★応用・発展編★

　チーム対抗戦にしたり大人チームと対戦したり、架空のチームの記録を子どもたちに伝え、そのチームの記録を破ることを目標に一致団結するように設定したりします。

テープのところまで はこびます

ひっこしや さんが はこんだ！

社会的行動スキル　提案・助言・協力・共感・主張

93. ストローことば探し

- **対象**　小学校低学年〜
- **人数**　4〜8人
- **時間**　10分
- **準備**　先がスプーン状になっているストロー人数×人数本（6人でやるなら36本）記録用シート、筆記用具

★進め方★

文字を組み合わせてことばを考えるゲームです。はじめにストロー交換をするときに自己紹介の練習もできるのでグループがはじまったばかりの時期にやるとよいでしょう。ことば合わせは個人戦でもできますが、ペアになって考えることで相談する場面をつくります。

〈ストローの準備〉

スプーンの柄にその人のものという目印としてビニールテープなどを貼り、色わけします。たとえば6人だったら赤6本、青6本、黄6本、緑6本、白6本、黒6本合計36本を準備します。次にスプーンの先のところに1文字を書いたシールを貼ります（読めれば直接ストローに書いてもよいです）。書く文字はことばがつくりやすいように同じ文字が複数あってもよいのでア行からサ行中心にします。

〈ゲームを開始〉

①**ストローの交換**：同じ色のテープのストローを人数分持って教室内を歩き、お互い自己紹介しながらストローを交換します。全部の色のストローが集まったら全員と交換できたことになります。全色そろったら一度席に着きます。

②**ことばさがし**：ペアを発表して2人組になります。2人のストローを合わせます。6人でおこなうなら合計12本になります。この12本に書いてある12文字で制限時間内にできるだけたくさんのことばを考えます。考えたことばはシートに書いておきます。記録係や発表係を決めてもよいでしょう。

★指導のポイント・コツ★

チーム戦で順位が決まりますので、結果の評価の仕方に注意します。勝ち負けに過敏に反応する子どもがいる場合、見つけたことばの数の多さで順位を決めるのではなく、全体で何個見つけられたかとか、各グループ自信のことばを2つ発表するなどして、ゲームのたのしさが経験できることを心がけましょう。

★応用・発展編★

できるだけ長いことばを見つけてみようとかラッキーワードを決めて、それが書けていれば3ポイントなどのルールを加えてもよいでしょう。

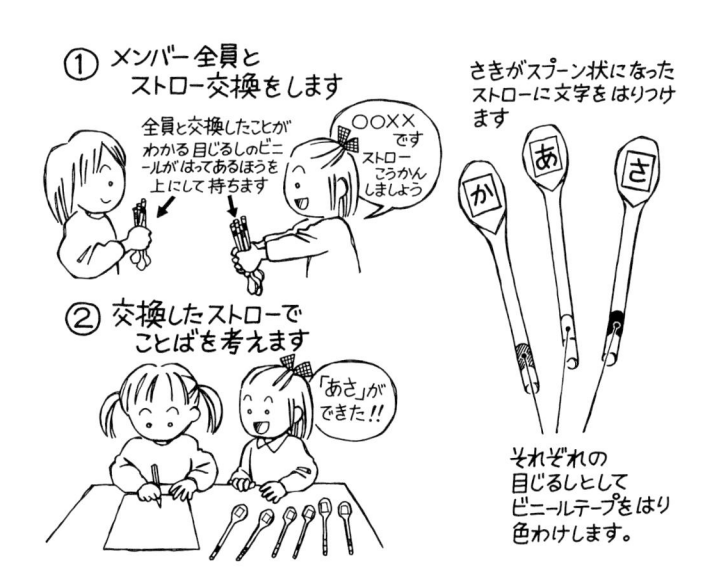

社会的行動スキル

提案・助言・協力・共感・主張

94. 宝を探せ

対象　小学校低学年～
時間　10分
人数　4人以上
準備　宝の場所を示すことばが書かれた折り紙

★進め方★

友だち同士で協力して、宝物のありかを探すゲームです。

あらかじめ宝物を隠します。1枚の折り紙に1～2文字、ひらがなが書かれていますが、4つに切られているので、まずその4片を組み合わせなくてはなりません。同じように、残りの色の違う3枚も組み合わせて、ことばを並べ替え、宝の場所を特定し、宝を探し当てます。

16片が混ざって机の上に置かれているところからスタートします。子どもたちは、どのように協力して暗号を解くと早いかを相談しつつ、ことばを見つけていきます。

★指導のポイント・コツ★

協力ということが課題のポイントであることを強調し、特定の子どもがどんどん進めることはマイナス点になると伝えておきます。

★応用・発展編★

2チームにわかれておこなうときは、競争をさせてもよいでしょう。1チームの場合は、タイムをはかって、自分たちの記録更新を目指すとよいでしょう。

社会的行動スキル　提案・助言・協力・共感・主張

95. ムシムシマンション

対象 小学校低学年～
人数 2人×チーム
時間 20分
準備 9種類の虫カード・3×3のマス目の用紙（マンションに見立てたもの）人数分、ヒントカード9枚、答え確認シート

★進め方★

それぞれの情報を提示し合い、相談し、答えを導いていく推理ゲームです。指示書に従って、マンションに虫（昆虫）をおいていきます。最後に答え確認シートのマンションと同じように虫が置けたら正解です。

「今から、ヒントカードを2人に半分ずつ配ります。お互い順番にそのカードを読み上げます。ヒントに従って相談しながら虫をマンションのお部屋に置いてください。大切なことが3つあります。①ヒントを読んでもすぐに置けないことがあります。②新しいヒントを読んだら、前のヒントで置いたところから虫をずらさなくてはならないこともあります。③一度読んだヒントは何度読み返してもいいです。と伝え、ヒントカードを配ります。

ヒントカード例〈拡大して切り取って使用できます〉

トンボは セミの下に すんでいます	バッタは まん中に すんでいます	カブトムシの上は チョウです
テントウムシは アリとセミの間にすんでいます	ゲジゲジは 1かいに すんでいます	チョウは 左はしに すんでいます
アリは3かいに すんでいます	トンボは 右がわに すんでいます	チョウは バッタの となりです

★指導のポイント・コツ★

9つのヒントを組み合わせて考えることがむずかしいようであれば、1枚でわかるヒントからはじめられるようにカードを配るなどしてみます。

「虫」を動物や果物、子どもに人気のキャラクターに代えてもたのしめます。

〈拡大図131頁〉

★応用・発展編★

4×4の16枚編でおこなってもよいです。問題をつくるときはまず確認シートに答えカードを置いてから考えるとつくりやすいです。

社会的行動スキル

提案・助言・協力・共感・主張

96. ぬり絵完成ゲーム

★対象 小学校低学年～
★時間 15分
★人数 2人×チーム
★準備 ぬり絵シート、色えんぴつ、ヒントカード、答え確認シート

★進め方★

95と同様、それぞれの情報を提示し合い、相談し、答えを導いていく推理ゲームです。人物が5〜6人くらい描かれているぬり絵用のシートを配ります（市販されている状況説明シートや、オリジナルのものでもいいです）。ぬり絵で使う色えん筆、たとえば4本を2本と2本に相談してわけ、自分の担当色を決めます。指令通りの色をぬるための手がかりカードを伏せて、2人に半分ずつ配ります。ヒントカードにはムシムシマンションと同様で、1枚だけで答えがわかるヒントはできるだけ少なくし、カードの情報を合わせることで答えがわかるようなヒントをつくっておきます（例：「立ちのりをしている男の子はくつ、帽子、ズボンが同じ色です」→まだ何色かわかりません。「どの男の子もズボンの色は青です」→このカードが出ると立ちのりの男の子のくつ、帽子、ズボンの色は青だとわかります。順番にカードをめくって何色をぬるかわかったら担当色の人はぬり絵をぬって完成させます。最後に、答え確認シートをみて正解を確認します。

ヒントカード例〈拡大して切り取って使用できます〉
・使う色えんぴつの色　ピンク・青・緑・黄色

ブランコに乗っている子のくつの色はみんな同じです	立っているみつあみの子の洋服の色は赤と白をまぜた色です	2人乗りをしている子の洋服とブランコの前にいる子のシャツの色は同じです	どの男の子もズボンの色は青です
立っている男の子のシャツはみんな葉っぱの色です	待っている3人のうち1番右の子のシャツとスカートは、どの子の洋服の色とも違います	立ち乗りをしている男の子はくつ、帽子、ズボンが同じ色です	ブランコを見ている3人のまん中の子の洋服は立っているみつあみの子の洋服の色と同じです

★指導のポイント・コツ★

ムシムシマンション同様いくつかの項目がつながって答えがわかるような手がかりカードをつくることがこのゲームのポイントです。

★応用・発展編★

情報を整理して考えることを目的としておこなうなら1人ですることもできます。

〈拡大図131頁〉

社会的行動スキル　提案・助言・協力・共感・主張

97. ほめほめリレー

対象 幼児〜
人数 2人以上
時間 10分
準備 お誕生日のケーキ

★進め方★

　誰でも褒められると嬉しいものです。普段から、たくさん褒めてあげてください。そして、ほめほめリレーは家庭で子どものお誕生日にぜひやっていただきたい課題です。お誕生日のケーキを囲んで、ケーキにろうそくを立て、子どものよいところ、素敵なところを家族がひと言発表し、それを3周くり返すという楽しいあそびです。普段ならちょっと照れくさくなってしまうようなことばも、特別な日なのできちんと受け止めることができます。もちろん、子ども以外の家族のお誕生日にもおこなってみてください。

★指導のポイント・コツ★

　より具体的に褒めてあげてください。「よい子」「お約束を守るからえらいね」などという抽象的なことばではなく、「この前、お母さんが買い物から帰るのが少し遅くなったけど、お約束の時間にきちんとテレビを消して宿題をはじめていたので、さすが3年生だな、お兄さんになったなって嬉しくなりました」というように具体的なエピソードがあるとよいです。

★応用・発展編★

　学級でグループごとに、その日のスターを決めておこなってもよいものです。

社会的行動スキル

提案・助言・協力・共感・主張

98. チームワーク得点（ドンマイ点）

- ⭐ 対象　幼児～
- ⭐ 人数　2人～
- ⭐ 時間　ゲームの中で
- ⭐ 準備　ドンマイカード（裏にマグネットをつける）

★進め方★

スポーツやゲームをして、点数や勝ち負けを競うような場面では、シュートやゴールの数だけではなく、応援点や作戦点、ドンマイ点などをつけます。友だちが失敗したとき「ドンマイ」と言えたら1点とし、合計点に加えます。

くり返し指導していく中で、自然に「ドンマイ」ということばが出てくるようになります。

「誰かのせいで負けちゃった」と大騒ぎしていた子どもも、友だちが失敗したときに言ってよいことばは「ドンマイ」だと知ることで、気持ちも穏やかになります。また、「ドンマイ」と言われた子どもはまた頑張ろうとします。双方の関係も育ちます。

このつみ重ねが勝敗よりも他者を励ますことばの大切さや、共感性を感じ取る子どもを育てます。

★指導のポイント・コツ★

室内でおこなうときは、「ドンマイ」のかけ声が聞こえたら、すかさず「ドンマイカード」をホワイトボードに貼りつけていきます。

★応用・発展編★

自分の予想通りにいかないとくじけてしまう、挑戦すらしなくなってしまう、気持ちの切りかえが苦手な子どもがいます。そんな子どもも自分に「ドンマイ」が言えるようになると、負けてもくよくよしないで、いろいろなことにチャレンジできる子どもになれます。

ドンマイ点だけでなく、チームワーク得点として、①自分のチームを応援できた、②失敗したメンバーを励ませた、③相手チームを批判しなかった、など得点を増やしてもよいでしょう。

	シュート	ドンマイ点	作戦点	合計
A				
B				

「ドンマイ ドンマイ だいじょうぶ！」

「あ～しっぱいした～!!」

社会的行動スキル　提案・助言・協力・共感・主張

99. 同じところ探し

- 対象　小学校低学年～
- 時間　15分
- 人数　2～3人
- 準備　記録シート、筆記用具

★進め方★

　2～3人が1グループになって自分と同じグループのメンバーの共通点を制限時間内にできるだけたくさん探すゲームです。相手に関心を持ち、「ああ同じだね」と共感する機会が持てます。ただし、いきなり「同じところを見つけてください」と言っても探す観点が持てないものです。はじめに大人が探した共通点を書いたものを見せてイメージを伝えます。「A先生とB先生の同じだったところを発表します。①2人とも今日はズボンをはいています。②2人ともふで箱の色が青です。③ここまで電車に乗ってきました。④今朝パンを食べてきました。⑤季節では夏が好きです。⑥旅行が好きです。⑦4人家族です。⑧勉強では図工が好きです、とその場で見てわかるもの、生活のこと、興味関心のことなどさまざまな観点で探すことの手がかりを出しておきます。各グループで相談、記録し、発表します。

★指導のポイント・コツ★

　子どもの年齢によって大人のモデル（共通点の観点）は変えましょう。特に、勝敗を意識するゲームではないので見つけた数はあまり協調する必要はないでしょう。

★応用・発展編★

　高学年や中学生とするなら性格や興味関心が出やすいような、モデルを示してみましょう。

社会的行動スキル	

提案・助言・協力・共感・主張

100. 気持ち調べ

- **対象** 小学校低学年～
- **時間** 15分
- **人数** 2～4人
- **準備** 「こんなとき」カード数枚 4色のチップ3枚ずつ

★進め方★

自分の気持ちと友だちの気持ちが同じこと、違うことに気づくあそびです。

① 机をはさんでみんなで座り、手元に4色のチップを3枚ずつ置きます（はじめは1枚でも可）。
② チップの色がどのような気持ちを示すのか書いて、貼って置きます。
③ 真ん中に「こんなとき」カードを置き、順番にめくって読み上げ、みんなでいっせいに気持ちチップを自分の容器に入れます（カードの読み上げは先生がおこなう）。たとえば「お友だちとあそぶ約束ができなかったとき」と先生が読み上げ、それを聞いて自分の気持ちに合ったチップを自分の容器に入れます。
④ それぞれのチップの色を確認し、友だちと自分の気持ちが同じか違うかを調べます。
⑤ 指導者は、子どもたちの気持ちを確認しつつ進めていきます。

①～⑤をくり返し、楽しみながら自分や友だちの「気持ち」に気づきます。

★指導のポイント・コツ★

友だちと気持ちが同じであることにこだわる必要はないことを伝えます。同じ出来事でも「かなしい」と思う人「不安」になる人、いろいろだね、と伝え、チップが置けなかった子どもには「どうしてかな？ あてはまる気持ちがなかった？」と尋ね、他の気持ちが言えそうなら聞いてあげます。

★応用・発展編★

高学年になったら、一つの出来事をめぐってそれぞれ気持ちが違うことを発見し、そこから別の話題になっていくこともある程度認めつつ進めていきます。

社会的行動スキル

提案・助言・協力・共感・主張

101. SSTすごろく

- 対象　小学校低学年～
- 時間　20分
- 人数　2人以上
- 準備　すごろく・サイコロ・コマ

★進め方★

　スタートにコマをならべて、サイコロをふり、出た数だけ進むといったやり方はふつうのすごろくと同じですが、ゴールまでに20項目ほどの「SSTの指示」があり、止まったところの指示に従わなければなりません。

　すごろくの枠を、ピンク・青・黄色にわけ、指示の内容も色別に自己認知スキル、コミュニケーションスキル・社会的行動の3つの領域にわけます。

　サイコロを転がして、ピンクに止まったら、ピンクのカードの山の上から1枚取って、「ここにいるみんなに自己紹介しましょう」と書かれていたら、自己紹介をします。また、青に止まったら、同じようにカードを取り、コミュニケーション課題「友だちの家に傘を忘れて来ました。電話をして、なんと言えばいいでしょう？」であれば、話す内容を考えて、その場で話してみます。黄色の社会的行動の指示は「ゲームで負けて怒っているお友だちがいるよ！何と言ってあげたらよいでしょう？」などの質問が出てきます。

★指導のポイント・コツ★

　課題をおこなう子ども以外の子どもはしっかり聞き役になって、評価をする係になるとよいでしょう。ロールプレイ課題の場合は他の子どもも協力します。

★応用・発展編★

　子どもたちは活動の中でさまざまな社会性の未熟さを現します。それこそ、その子どもの課題です。子どもたちも自分に近い課題であると取り組みやすいようです。その子の実態に合わせて上手に「SST指示」に加え、子どもに合わせたSSTすごろくの種類を増やしてください。

● 社会的行動目的別索引リスト ●

アイデア	適応対象				時間	人数	メインスキル	サブスキル	初期	中期	後期
	幼児・低学年	中学年	高学年	中学生							

■3-1　集団参加（65～70）

アイデア	幼児・低学年	中学年	高学年	中学生	時間	人数	メインスキル	サブスキル	初期	中期	後期
65. お家でできる準備①	◎	◎	－	－	支援	1人	22	6,7			
66. お家でできる準備②	◎	◎	－	－	支援	1人	22	26			
67. お家でできる準備③	○	○	◎	◎	10分	1人	23	22			
68. 係の仕事	○	○	◎	◎	支援	1人	23	22	○		
69. 休み時間のすごし方	○	◎	◎	◎	支援	1人	22	31,32	○		
70. そうじ当番・そうじの仕方	○	◎	◎	◎	支援	1人	23	22	○		

■3-2　ルール理解・集団における気持ちのコントロール（71～79）

アイデア	幼児・低学年	中学年	高学年	中学生	時間	人数	メインスキル	サブスキル	初期	中期	後期
71. ルール理解のコツ①	◎	◎	○	○	10分	4人～	26	27,29,32	○	○	
72. ルール理解のコツ②	◎	◎	○	○	10分	4人～	29	22,28			
73. 転がし中あて	○	◎	○	－	10分	6人～	29	22,28			
74. ドンジャンケン	◎	◎	○	○	10分	6人～	29	22,28	○	○	○
75. ゲームをつくってあそぼう①	○	◎	◎	◎	20分	6～8人	29	28,32			
76. ゲームをつくってあそぼう②	○	○	◎	◎	20分	2人	32	28,29			
77. 負けの受容①	◎	◎	○	○	5分	2人～	28	29,32			
78. 負けの受容②	◎	◎	○	○	15分	2人～	28	29,32			
79. 負けの受容③	◎	◎	○	○	ゲームの中で	2人～	28	29,32			

■3-3　提案・助言・協力・共感・主張（80～101）

アイデア	幼児・低学年	中学年	高学年	中学生	時間	人数	メインスキル	サブスキル	初期	中期	後期
80. こんなときどうする？	－	－	◎	◎	10分	4人以上	41	45		○	○
81. 話し合いのポイント	○	◎	◎	◎	10分	4人以上	31	44,45		○	
82. 交換練習	○	○	○	－	10分	2人～	45	32,44		○	
83. 道づくり	○	○	○	－	20分	2人～	32	44,45			
84. つくってあそぼう①	○	◎	◎	－	90分	2～3人	32	44,45			
85. つくってあそぼう②	○	◎	◎	○	90分	2～3人	32	44,45			
86. つくってあそぼう③	○	◎	◎	○	40分	2～8人	32	31,44,45			
87. おみこしわっしょい	◎	○	○	－	10分	2人以上	32	1,29			
88. 新聞島	○	◎	◎	○	10分	2人以上	32	1			
89. 紙送りゲーム	◎	◎	○	－	15分	2人以上	32	1			
90. ペアで完成	○	○	◎	－	10分	2人以上	32	25,44,45			
91. ジャストタイミング	○	○	◎	－	10分	3人以上	32	1,40			
92. 作戦！引越し屋さんが運んだ	○	◎	◎	○	15分	3～4人	32	36,39,40			
93. ストローことば探し	○	○	○	－	15分	4～8人	32	25,44,45	○		
94. 宝を探せ	○	○	○	－	10分	4人以上	32	25,44,45			
95. ムシムシマンション	○	○	○	－	20分	2人×チーム	32	30,40,45			
96. ぬり絵完成ゲーム	○	－	○	－	15分	2人×チーム	32	30,40,45			
97. ほめほめリレー	◎	◎	◎	○	10分	2人以上	37	16			
98. チームワーク得点（ドンマイ点）	○	○	◎	◎	ゲームの中で	2人～	36	37,39,40	○		
99. 同じところ探し	○	○	○	◎	15分	2～3人	32	17,18			
100. 気持ち調べ	○	○	◎	◎	15分	2～4人	32	17,18		○	○
101. SSTすごろく	○	○	○	○	20分	2人以上	すべて	すべて		○	○

＊53頁表下を参照

● ムシムシマンション 完成図 ●
ムシムシマンション ▶ 123頁

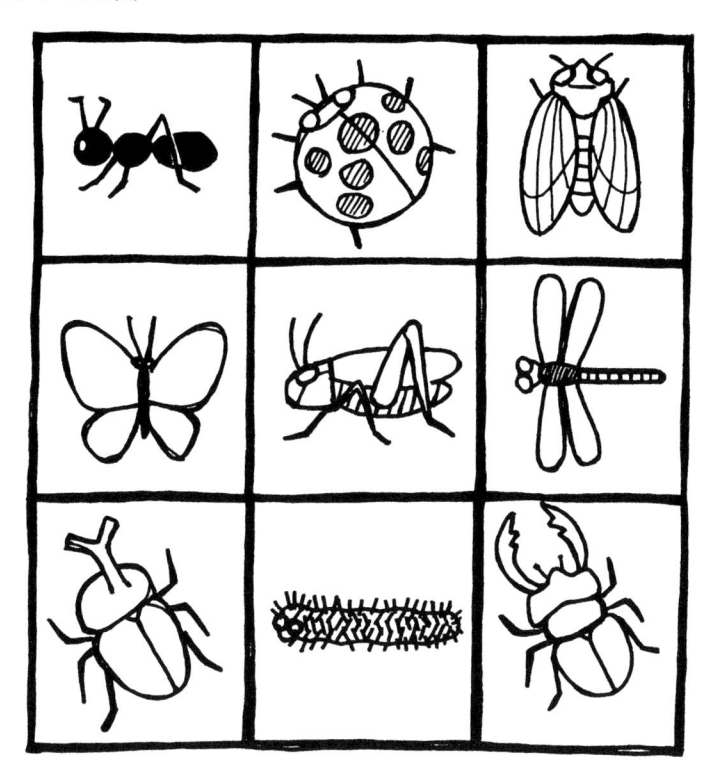

● ぬり絵シート 例 ●
ぬりえ完成ゲーム ▶ 124頁

おわりに

　この本は、たくさんの人々に助けられ、支えられて完成しました。

　指導では、子どもたちの反応を確かめつつ、柔軟に声かけや支援をしながら活動しているわけですから、その活動課題を文章にすることは本当にむずかしい作業でした。指導場面をまったく見ていない方々に、はたして内容が臨場感を持ってうまく伝わるだろうか？　指導名、準備物、指導内容をただ列挙するだけでは伝わりきれないもどかしさを感じながら原稿を書き進めていたのですが、私たちの原稿を読み、つたないラフ画をもとに須藤圭子さんの描いてくださったカットが、そんな不安を払拭してくれました。カットの中では子どもたちはいきいきと、楽しそうに、ちょっと困って、うんと焦って、活動に参加してくれています！　須藤圭子さんには雑誌「発達教育」のころからお世話になり、今回新たに加えたアイデアのカットも快く引き受けていただきました。出来上がったカットを見て、私たちはいつも「指導を見ていないのに、どうしてこんなに子どもの様子がわかるのだろう?!」と感心していました。ゲームやあそびの様子をわかりやすく描いてくださって本当にありがとうございました。

　101のアイデアは、LD発達相談センターの活動の記録でもあります。10年の中で蓄えてきたスタッフみんなの共有財産です。「忍者の修行」(No.10)は幼児期にゆっくりした動き、姿勢を保持する力を身につけさせたいと願ってできた岡純子先生のアイデアです。毎年、幼児さんたちはご褒美の"巻物としゅりけん"をゲットすべく修行に励んでいます。その他にも「前後左右ジャンプ」(No.3)、「お風呂ごっこ」(No.9)も岡先生にアイデアを提供してもらいました。「スケルトンボックス」(No.43)はゲームセンターのUFOキャッチャーをヒントに内藤良子先生が考え出したひらめき教材で、子どもたちには大人気です。「こんなときどうする」(No.80)は藤村愛先生が、指導を修了した後も子どもたちが困ったときに、役に立てるようにという思いで生み出した課題です。「道づくり」(No.83)は早坂美奈子先生のアイデアです。教材が限られているセンターの分室で、廃材のダンボールを利用してつくってくれました。原田洋子先生、芳賀亮一先生、田中直子先生には辛抱強く子どもに寄り添うことの大切さを、中丸華子先生、江上芽里先生には丁寧な教材づくりを教えていただきました。この場をおかりして、スタッフのみなさんには私たちの共有財産が世に出ることができたお礼を伝えたいと思います。

　（社）発達協会の一松麻実子先生には雑誌「発達教育」の連載中は大変お世話になり、本にするにあたっては快くご協力、励ましをいただきました。感謝いたします。

　かもがわ出版の中井史絵さん！　予定を大幅に遅れて、ぎりぎりまで腰を上げなかった私たち2人を優しくおおらかに完成まで導いてくださって、ありがとうございました。

　そして、何といっても、子どもたちに感謝です。私のSSTグループの3時間目は「SST」の時間です。4月初回の指導の日に、「あの英語の時間は、何するの？」と新人君が尋ねると、指導2年目の子どもが「エスエスティ（SST）は友だちと仲良くなるための特別な勉強なんだよ」と少し自慢げに説明してくれました。

　是非、この101のアイデアがみなさんと子どもたちをより仲良しにし、子どもたち同士もまた仲良くなれ、成長できる活動のヒントになれば幸いです。

サマーキャンプの準備であわただしい7月吉日に
三島　節子

NPOフトゥーロ
LD発達相談センターかながわ

フトゥーロ（FUTURO）とは、スペイン語で未来（FUTURE）を意味する言葉です。

　LD発達相談センターは、平成10年4月にLDやADHD、高機能自閉症やアスペルガー障害など、障害の程度は軽微であっても、周囲の適切な理解と対応が必要な方たちを主な対象とし開設されました。現在では定期指導利用者数は約350名となり、幅広い地域の方が来所されています。

■ 主な活動
1. 心理検査・教育相談
2. 療育的指導（小グループ指導や個別指導）
3. 余暇活動支援（サークル活動）
4. 幼稚園・保育園、学校への訪問相談（担任の先生などに向けて）
5. 幼児勉強の企画やその他研修会への講師派遣
6. ワークシート、書籍の出版　　等

■ 十日市場心理相談室
　平成12年にLD発達相談センターかながわに併設されました。
不登校やいじめについての悩み、情緒不安定、問題行動、心身症などを抱えている児童・生徒・保護者に対して心理療法（カウンセリング・プレイセラピー）を通して心理面でのサポートをおこなっています。

■ 分室
　LD発達相談センターかながわには横浜市緑区十日市場の主教室のほかに湘南教室（鎌倉市）・中野教室（東京都中野区）の教室があります。

■ 出版物
- 「ともに育ちあう保育と子育て」〜高機能自閉症、アスペルガー症候群の理解のために
- 高機能自閉症スペクトラムの「幼児期支援マニュアル」
- 「子育てサポートブック」
- 「学習ワークシート1〜9」
- 「自立のためのLD指導プログラム　チェックリスト編」

★活動、出版物の詳細はHP（http://www.futuro.or.jp/）でご覧いただけます。

〈連絡先〉

NPOフトゥーロ　LD発達相談センターかながわ
〒226-0025　神奈川県横浜市緑区十日市場町803-2　第一サンワード2F
TEL：045-989-3501　FAX：045-989-3502
E-mail：ldcenter@futuro.or.jp

【著者略歴】

安住　ゆう子（あずみ　ゆうこ）
　東京学芸大学大学院修士課程学校教育専攻　発達心理学講座卒業
　NPOフトゥーロ　LD発達相談センターかながわ　所長
　特別支援教育士SV　学校心理士

　［主な著書］
　『子育てサポートブック』（編・共著）LD発達相談センターかながわ
　『自立のためのLD指導プログラム』（共著）LD発達相談センターかながわ
　『教室でできる特別支援教育のアイディア　中学校編』（分担執筆）図書文化
　『軽度発達障害の心理アセスメント』（分担執筆）日本文化科学社
　『WISC-Ⅲアセスメント事例集』（分担執筆）日本文化科学社　　他

三島　節子（みしま　せつこ）
　東京学芸大学教育学部卒業
　NPOフトゥーロ　LD発達相談センターかながわ

　［主な著書］
　『子育てサポートブック』（共著）LD発達相談センターかながわ
　『自立のためのLD指導プログラム』（共著）LD発達相談センターかながわ
　『教室でできる特別支援教育のアイディア172　小学校編』（分担執筆）図書文化
　『きみならどうする―LDのためのソーシャルスキル』（共著）日本文化科学社

教室・家庭でいますぐ使えるSST（ソーシャルスキルトレーニング）
たのしく学べる特別支援教育実践101

2009年7月17日　初版発行
2009年11月20日　第2刷発行

著　者©安住　ゆう子、三島　節子
発行者　竹村　正治

発行所　株式会社かもがわ出版
　〒602-8119 京都市上京区堀川通出水西入
　営業部　☎075-432-2868　FAX 075-432-2869
　編集部　☎075-432-2934　FAX 075-417-2114
　　　　　　振替 01010-5-12436
　http://www.kamogawa.co.jp

印　刷　新日本プロセス株式会社

ISBN978-4-7803-0288-2　C0037

好評発売中

かなパズルゲームは、カードを組み合わせて単語をつくるゲームです。語彙の少ない子どもや、文字の習得に課題のある子ども、拗音や促音が苦手な子どもたちに活用してもらいたいと思いつくりました。また、簡単な足し算や引き算、かけ算もおこなうようになっています。

特別支援教育のカード教材

山田 充 著

かなパズルゲーム
Word Puzzle Game

読み書きに困難のある子どもたちのために

特別支援教育の本格実施が始まります。LD（学習障害）・ADHD・高機能自閉症などの子どもたちが支援の対象となります。この支援の対象となる子どもたちはさまざまな困難を持っていますが、その中でも読み書きに困難を持つ子どもたちがいます。彼らが持つ読み書きの困難には、次のようなものがあります。

- 小さい「っ」(促音)を抜かして書いてしまったり、位置を間違えたりする。
- 「きゃ」「ちゅ」「しょ」(拗音)などをうまく読めなかったり、誤って書いたりしてしまう。
- 「きのう」など長音を含む言葉を「きのお」などと書き誤ります。
- 「゛」「゜」などをうまく使うことができません。
- 語彙が少なく適切な表現がうまくできない子どもたちもいます。

このような子どもたちに対して、うまくできない部分に支援をおこなっていくことが求められていますが、苦手なことを何度も繰り返したり、練習をしたりすることは、子どもにとって「したくないこと」であったり、苦手意識をよりいっそう助長することにもなりかねません。

ゲームを通してこれら読み書きの課題を身につけてもらうためにこのパズルゲームは考えられました。苦手な拗音や促音をカードを使って言葉をつくっていくと得点が高くなるようにつくられています。ゲームに勝つために苦手な拗音や促音にチャレンジすることで少しずつ力をつけていくことができます。

箱の中に入ってるもの

* 利用のアドバイスブック
  （読み書きの困難への関わり方、ゲームの遊び方）
* 解答記入用紙（コピーのための原本）
* ひらがなカード108枚（ひらがな・拗音・促音など）

著者プロフィール

- 堺市立日置荘小学校　通級指導教室担当
- 堺市特別支援教育・専門家チーム・巡回相談員
- NHK教育テレビ「見てハッスル聞いてハッスル」番組委員
- 特別支援教育士スーパーバイザー（LD・ADHD等）
- 堺LD研究会運営委員

すいせん文

竹田契一　日本LD学会常任理事
特別支援教育士資格認定協会会長

読み書きや算数障害がある児童・生徒には、「ゆっくり、繰り返し根気よく教える、教材を易しくして教える」のみが教師の学校現場での指導方法でした。しかしLD（学習障害）等、国語・算数に問題を持つ児童・生徒は認知機能に偏りがあり、文字や語彙の習得にもその認知に特化した指導プログラムが効果的と考えられています。今回の山田先生の開発されたこのゲームは、正にひとりひとりの児童・生徒の認知の偏りに配慮して作られたすばらしい教材です。ゲーム感覚は子どものやる気を促します。ルールが分かりやすく、楽しく意欲的に出来る教材です。ぜひ使ってみてください。

柘植雅義　兵庫教育大学大学院教授
学校教育研究科特別支援教育教育学専攻

今回発売されるゲームは、LD（学習障害）のみならず、文字の習得や語彙の拡大に困難のある子どもに広く活用可能でしょう。拗音や促音を間違ったりする子どもには、ひたすらワークするなどドリル的になりがちな文字の習得を、ゲーム感覚で意欲をもって楽しく学べることが特徴です。また、ゲームのルールは、いろいろ課題をもつ子に対応して柔軟に考えていくことができるので、どのような実態の子どもにも活用できるでしょう。文字の習得でありながら、ルール理解や集団の中での協力関係の習得や向上といったことにも貢献できそうですね。

かもがわ出版

〒602-8119　京都市上京区堀川出水西入
TEL 075(432)2868　FAX 075(432)2869
http://www.kamogawa.co.jp

本体2500円（定価2625円）

特別支援教育のカード教材

意味からおぼえる 漢字イラストカード

1年生 2年生上 2年生下 3年生上 3年生下

WHAT's 漢字イラストカード

LDなどの発達障害に多い「漢字が書けない」「書けるけれども細部を間違える」「読めるけれども書けない」といった子どものために開発されたカード教材です。イラストを使った教材なので、これから漢字を習う子どもの学習にも使用できます。

好評2刷！

3年生 上下 新発売

意味からおぼえる 漢字イラストカード
1年生／2年生上／2年生下（カード各80枚）
各巻：定価2940円（本体2800円）
3年生上／3年生下（カード各100枚）
各巻：定価3570円（本体3400円）
■サイズ：A6（タテ14.8×ヨコ10.5cm）

山田 充（やまだ みつる）
- 堺市立日置荘小学校　通級指導教室担当
- 堺市特別支援教育・専門家チーム・巡回相談員
- NHK教育テレビ「見てハッスル聞いてハッスル」番組委員
- 特別支援教育士スーパーバイザー（LD・ADHD等）
- 堺LD研究会運営委員

かもがわ出版